Grimorio

Cómo lanzar y elaborar hechizos mágicos, aprender las prácticas wiccanas y desvelar los secretos de la brujería a través de un diario ritual

Su regalo gratuito

¡Gracias por descargar este libro! Si desea aprender más acerca de varios temas de espiritualidad, entonces únase a la comunidad de Mari Silva y obtenga el MP3 de meditación guiada para despertar su tercer ojo. Este MP3 de meditación guiada está diseñado para abrir y fortalecer el tercer ojo para que pueda experimentar un estado superior de conciencia.

https://livetolearn.lpages.co/mari-silva-third-eye-meditation-mp3-spanish/

Índice de contenidos

Introducción

¿Le gustaría tener un diario personal lleno de increíbles ilustraciones, poderosos hechizos, instrucciones sobre brujería y otros materiales mágicos? No busque más; este libro le ofrece toda la información que necesita para crear un grimorio que será la parte más importante de su oficio. Puede elegir entre una mezcla de referencias wiccanas y paganas para mantener su grimorio al día añadiendo algunas referencias más modernas para mejorar su libro. El grimorio que cree será un magnífico testimonio de su trabajo y un libro que podrá atesorar y completar a medida que sus habilidades crezcan y florezcan.

Capítulo 1: El arte mágico de los grimorios

La historia del grimorio se remonta al interés original por la magia y lo oculto. Estos temas han fascinado a los humanos desde que empezaron a caminar erguidos. Los grimorios son un registro fascinante de los intereses y el uso de la magia a medida que la humanidad evolucionaba mental, física y espiritualmente. Son un registro histórico de las creencias más íntimas de las personas que vivieron en la antigüedad y de cómo utilizaron los conocimientos que descubrieron.

El término grimorio se originó en la primera parte de la era medieval, pero el concepto real se remonta a más atrás. El término procede de la palabra francesa *Grammoire*, que significa "escrito en latín", mientras que algunos creen que proviene del término *Grammaire*, que significa "gramática". Aunque el término procede de una lengua europea, los primeros grimorios también se encontraron en Mesopotamia en el año 5 a. C.

En la Biblioteca de Alejandría se guardaban ejemplos de grimorios, que trataban de asuntos más financieros y sexuales que los hechizos más tradicionales que se encontraban en los libros sagrados. La magia y las prácticas mágicas han existido desde la prehistoria, y la idea de un "libro de hechizos" se adoptó desde que los chamanes compartían sus conocimientos esotéricos con los demás miembros de su sociedad. Los grimorios eran recetarios llenos de hechizos mágicos, talismanes, imágenes de entidades espirituales y cómo invocarlas.

Aunque el concepto de grimorio ha evolucionado hasta convertirse en un tomo más personal, los primeros libros se asociaban a figuras eruditas más que a las brujas de jardín comunes de la época. Los alquimistas y los santones registraban sus hechizos y pociones curativas, mientras que los miembros superiores de la iglesia se encargaban de llevar los registros y almacenar la información. Como los libros eran escritos y utilizados por practicantes religiosos más establecidos, los ejemplos auténticos no incluían rituales o hechizos paganos. Las ediciones más modernas de grimorios tienen un espectro más amplio de creencias y prácticas mágicas; las primeras ediciones eran más tradicionales.

Tal vez la mejor manera de entender la importancia de los grimorios originales para la gente de la época sea examinar algunos de los grimorios más significativos desde el punto de vista histórico. Los libros que se enumeran a continuación son algunos de los mejores ejemplos de grimorios disponibles.

El manual de Múnich

Este manuscrito del siglo XV se conserva en la Biblioteca Estatal de Baviera, en Múnich. Se desconoce el autor original y la fecha de publicación, pero es un ejemplo perfecto de la miscelánea de los grimorios tradicionales. El libro contiene un banquete imaginario en el que se sacrifica un pájaro de colores (la abubilla) para que el hechizo funcione.

Se centra en las prácticas demoníacas e ignora por completo a los seres angélicos o cómo convocar a las huestes celestiales. El autor no se disculpa por incluir hechizos diseñados para forjar conexiones con seres demoníacos, algunos de los cuales se incluyen entre los setenta y dos demonios de Goetia. Estos legendarios demonios fueron apresados por el legendario Salomón, quien los arrojó al mar en un recipiente de bronce. Se dice que esta vasija fue encontrada posteriormente por los babilonios, que la abrieron por error y liberaron a los demonios y sus legiones, que volvieron a vagar por la tierra. El manual de Múnich nombra a varios demonios que se cree que forman parte de los seres capturados por Salomón y que podían realizar "todas las abominaciones" conocidas por el hombre.

El gran grimorio

También conocido como *El Dragón Rojo*, este grimorio fue supuestamente escrito en 1522. Sin embargo, es más probable que se produjera en el siglo XVIII o incluso después. Se le considera el ejemplo de grimorio "más malvado y peligroso". Contiene hechizos y conjuros para convocar al más alto poder maligno desde las profundidades del mismísimo infierno; Lucifer, el todopoderoso gobernante del infierno y todos sus dominios.

Los hechizos y rituales descritos en las páginas del grimorio son tan atroces y poderosos que muchos practicantes y expertos en magia no aprueban la lectura del libro. Las fórmulas, los hechizos y los secretos que contiene están asociados a la trinidad maligna de Belcebú, Astaroth y Lucifer. Uno de los hechizos más moderados consiste en hacer bailar a la gente desnuda en público mientras el lanzador del hechizo permanece invisible para poder presenciar su vergüenza y degradación. Explore el gran grimorio por su cuenta y riesgo; incluso los magos más experimentados y los seguidores de lo oculto han emitido advertencias contra la asociación con este poderoso y nigromántico libro de hechizos.

Heptamerón de Pedro de Abano

Este manual del siglo XIV se atribuye al acreditado filósofo italiano Pedro de Abano. El término heptamerón significa siete días y detalla la importancia de los días de las semanas en función de los ángeles o espíritus celestiales que se intenta invocar. El grimorio es una fuente de información sobre las ceremonias de consagración y el uso de la sal, el agua y el incienso en los rituales. Es especialmente importante en los círculos ocultistas debido a su influencia en posteriores publicaciones, lo que lo convierte en un clásico aclamado. Este libro es uno de los primeros grimorios que hacen referencia a los círculos mágicos y al importante papel que desempeñan en la protección del practicante.

Los tres libros *de Filosofía Oculta de Heinrich Cornelius Agrippa*

Esta serie de grimorios es una de las más importantes jamás publicadas y contiene enormes volúmenes sobre astrología, brujería, magia con hierbas, ángeles y demonios. Es la fuente principal para entender cómo la época del Renacimiento utilizaba materiales mágicos para influir en sus vidas y trabajos.

Es el repositorio más completo de magia pagana y neoplatónica jamás compilado y se considera la fuente de referencia definitiva para los trabajos mágicos. En sus páginas descubrirá extractos de libros escritos por Platón, Aristóteles y otros grandes de la literatura. También descubrirá cómo trabajar con la magia natural y ceremonial utilizando el poder de la naturaleza para conectarse con la magia de la tierra usando la cábala y la geomancia para encontrar el alma del mundo.

El grimorio fue extensamente editado y traducido por el erudito ocultista Donald Tyson en 1992 para editar los errores y equivocaciones contenidas en los textos originales y hacer la obra comprensible y accesible a la sociedad moderna. En él, encontrará los sigilos y signos correctos que debe utilizar cuando practique el trabajo oculto y las figuras geománticas que atraen los hechizos que lanza y utiliza. Los *tres libros de Filosofía Oculta* están considerados como una de las herramientas esenciales de la brujería y el ocultismo y siguen siendo utilizados por estudiantes de todo el mundo.

El Libro Jurado de Honorio

El libro contiene noventa y tres capítulos que cubren temas como salvar almas del purgatorio o cómo atrapar a un ladrón. Hay hechizos destinados a salvar a la gente de la persecución de la Iglesia y a descubrir tesoros. Publicado en el siglo XIII, es una visión completa de cómo la Iglesia trataba el ocultismo y los libros de magia. También contiene una descripción detallada de la creación de la "visión beatífica", donde el practicante es bendecido con una visión del rostro de Dios.

El Picatrix

El Picatrix, una de las primeras versiones de un grimorio, es uno de los primeros ejemplos de magia árabe relacionados con los misterios del mundo astrológico y la magia celestial. No se conoce su autor, y los expertos han sugerido que está escrito en el estilo de un estudiante o aprendiz de una escuela de magia de Oriente Medio.

La mayor diferencia entre el Picatrix y otros grimorios es el uso de fluidos corporales y plantas psicoactivas para los hechizos y rituales. Los libros occidentales utilizan la naturaleza, pero los ingredientes utilizados en el Picatrix son más exóticos y extraños.

Anima a los usuarios a potenciar el poder del cosmos y a canalizar la energía interior. Algunos hechizos incluyen "cómo destruir una ciudad con un rayo silencioso" y "cómo dominar a la gente a distancia". Está ilustrado con etiquetas y notas celestiales que dan la impresión de que se añadían a diario a medida que el estudiante se volvía más hábil y aprendía.

De Nigromancia

Este libro en latín del siglo XVI fue falsamente asociado a un famoso científico inglés llamado Roger Bacon. Es una curiosa mezcla de oraciones, invocaciones, hechizos, exorcismos y rituales destinados a levantar los espíritus más cuestionables, como los espectros y los demonios. Se refiere a los setenta y dos demonios de Goetia e incluye hechizos para invocarlos. Los demonios se clasifican en varios rangos; todos tienen su función en el infierno. El texto se refiere a los demonios como la Goetia. La Goetia está intrínsecamente ligada a los demonios atrapados por Salomón y posteriormente liberados en el mundo por los babilonios.

Se enumeran como reyes, duques, duquesas y príncipes con el demonio principal llamado rey Baal. Se le describe como un ser de tres cabezas con rasgos humanos, de gato y de sapo, el principal demonio de la región del infierno, y el grimorio se concentra en él y en sus secuaces. Contiene hechizos, sigilos y rituales para invocar a los demonios cuando sea necesario. Algunos de los puntos fuertes de los demonios son:

- El poder de infundir invisibilidad.

- Funcionar como portavoz de las almas de los muertos.

- Curar dolencias y enfermedades.

- Tener el conocimiento para resolver todos los misterios.

- Conceder prestigio y riqueza.

- La creación de caos, batallas y guerras.

- El otorgamiento de amor mutuo.

- El poder de convertir a los muertos en un ejército que luchará del lado del invocador.

- Poderes alquímicos para convertir el metal común en oro.

La Tabla de Esmeralda

Algunos podrían cuestionar la inclusión de una tablilla en esta lista de grimorios, pero se cree que esta antigua piedra es la forma más antigua de texto secreto místico que existe. Algunos expertos creen que puede remontarse a uno de los hijos de Adán y Eva, mientras que otros dicen que se originó en el siglo VIII. A pesar de que no hay pruebas sólidas de sus orígenes, la tablilla se anuncia como la guardiana de los "secretos del universo", lo que debe calificarla como una forma temprana de grimorio.

La *Tabla de Esmeralda* pronto se convirtió en una de las fuentes de información más fiables entre los eruditos que estudiaban la forma occidental de la alquimia. Una de las traducciones sugiere que el texto está dedicado a las siete etapas de la transformación alquímica, pero otras sugieren interpretaciones diferentes. Uno de los mayores misterios que encierra la tablilla es el conocimiento de toda la verdad, e incluso hoy en día, su texto está creando nuevos misterios a distintos públicos.

Isaac Newton intentó traducir la tablilla, y su trabajo puede verse en la biblioteca de la Universidad de Cambridge, en Inglaterra. Los infames ocultistas John Dee y Aleister Crowley también han estudiado la tablilla en busca de los secretos que encierra, mientras que la moderna serie de televisión en alemán *Dark* hace referencia al grimorio.

El libro de los amuletos

También conocido como el *Libro de los Secretos*, se cree que este grimorio fue entregado a Noé por el arcángel Raziel para enseñarle la creación de la Tierra y los cielos. Se dice que Noé pasó el libro al rey Salomón para alimentar su conocimiento y poder. El libro está dividido en siete secciones que relatan la creación del mundo y la influencia de las figuras clave que lo habitan.

El grimorio contiene ritos mágicos, rituales, profecías y una oración al dios del sol Helios. En un tiempo, el libro se consideraba parte del judaísmo ortodoxo y un libro de consulta para que los seguidores de la fe accedieran a los ángeles y pudieran invocarlos en lugar de a Dios, para que les ayudaran en sus trabajos y ambiciones espirituales. En la actualidad, el judaísmo moderno considera que la obra es poco ortodoxa y roza la herejía en comparación con las enseñanzas más recientes. El libro sigue siendo un grimorio informativo, y la traducción más moderna publicada en 1983 contiene un manuscrito informativo de fácil comprensión.

La Llave de Salomón

Aunque el grimorio se asocia con el rey bíblico, es más probable que se haya originado en el siglo XIV. Escrito en latín, es uno de los libros más importantes e inclusivos de la magia negra que se ha convertido en una pieza literaria muy conocida que aparece en el libro de Dan Brown de 2009 *El símbolo perdido*.

Se cree que es una obra en colaboración e incluye los escritos de muchos autores. La Llave de Salomón se divide en dos partes conocidas como la *Llave Mayor* y *la Llave Menor* de Salomón. Los libros contienen una guía completa de amuletos mágicos, preparaciones rituales, cómo invocar a los ángeles y demonios, y muchos otros temas.

El manuscrito original se encuentra en el Museo Británico, pero se pueden comprar reproducciones en librerías de renombre. Las ilustraciones son intrincadas e informativas, y el texto cuenta con numerosas versiones diferentes. La *Llave de Salomón* se diferencia de otros grimorios renacentistas en que no menciona a los setenta y dos demonios capturados por Salomón y arrojados en una vasija de bronce. Hay maldiciones e invocaciones para invocar a los muertos y a los demonios para que obedezcan la voluntad del invocador. El texto también incluye instrucciones para realizar exorcismos y sacrificios de animales para complacer a los espíritus y seres celestiales.

¿Cuál es la diferencia entre un libro de las sombras y un grimorio?

Con el creciente interés por la brujería en los últimos tiempos, el término libro de las sombras se utiliza ahora para describir varios libros que guardan las personas que practican la wicca o la brujería. Un libro de sombras pagano debe ser un registro personal de sus trabajos. Contiene secciones dedicadas a lo siguiente:

- **Leyes del aquelarre o grupo del que formas parte** — Toda la magia tiene reglas, y los grupos separados tendrán ciertas pautas a seguir. Mantener una lista de estas reglas y tradiciones al principio de su LDS le ayudará a atenerse a las reglas. Si es una bruja solitaria, puede utilizar esta sección para registrar lo que considera aceptable y los valores personales y la ética que cree que forman parte de su oficio.

- **Listas de sus dioses y diosas favoritos** — Todas las brujas y los practicantes paganos tienen sus deidades personales con las que les gusta trabajar. Utilice su LDS para incluir obras de arte, leyendas y mitos que se relacionan con sus deidades para que pueda registrar exactamente por qué son tan especiales para usted.

- **Rituales que prefiere a lo largo del año** — Cada bruja tiene una época del año favorita, una estación en la que siente que sus poderes son más fuertes y celebra las costumbres y los rituales. Si prefiere un determinado solsticio o sabbat, utilice su LDS para registrar los rituales y hechizos que funcionan mejor durante esa época.

- **Registros de adivinación** — Cuando intente nuevas formas de adivinación, como la cristaloscopia o las runas, utilice su LDS para anotar su progreso. A medida que experimenta con prácticas mágicas, utilice las páginas para recordar lo que sucedió.

- **Tablas de equivalencia** — ¿Encuentra que ciertos cristales funcionan mejor con algunas hierbas que con otras? Anótelos y registre cómo los utilizó y sus resultados. Registre la fase de la luna en la que tiene más éxito y otras combinaciones.

Estas son solo algunas ideas de lo que puede incluir un LDS; lo principal es recordar que se trata de su diario y que no debe compartirse con otros.

Los grimorios son libros de magia más tradicionales que se han transmitido a lo largo de los años. Son una versión más formal del LDS y deben ser un registro de su investigación y trabajos mágicos, pero no deben incluir su información personal.

Cosas que se deben incluir en un grimorio

- **Altares y herramientas:** Cómo cambiar su altar dependiendo de la temporada y el uso, cargar y bendecir los altares, y las diferentes herramientas que utiliza con él.

- **Amuletos y talismanes:** Cómo mejorar y limpiar sus herramientas espirituales para mantener el mal alejado y atraer la energía positiva.

- **Rituales de limpieza:** Cómo usar diferentes métodos para limpiar su casa, su altar y sus herramientas usando sales, agua y borrones.

- **Cristales:** Los poderes tradicionales de las piedras preciosas y los cristales.

- **Días de la semana:** Las deidades asociadas a cada día de la semana, y qué magia funciona mejor según el día elegido.

- **Sueños:** Una guía sobre el significado de los sueños y cómo los espíritus envían mensajes mientras dormimos.

- **Elementos:** Los poderes y propiedades mágicas de todos los elementos y cómo funcionan en un sentido mágico.

- **Familiares:** Incluye animales espirituales, guías y aliados en el mundo espiritual.

- **Rituales de curación:** Hechizos dedicados a la curación y a la alineación espiritual.

- **Historia del oficio:** Incluye cualquier investigación histórica relacionada con las brujas, las pruebas que han soportado las brujas a lo largo de la historia, ejemplos multiculturales de magia, paganismo y folclore que le interesen.

- **Pociones de amor:** Registre cualquier información mágica relacionada con asuntos del corazón y recuerde incluir el sexo y el amor propio en su investigación.

- **Civilizaciones perdidas:** Los antiguos misterios del mundo incluyen varias civilizaciones perdidas, como Zapoteca, Dilmun, Nok y Vinca. Estos primeros ejemplos de sociedad fueron los primeros grupos organizados de personas que tenían un orden social, pero desaparecieron sin dejar rastro.

- **La luna relacionada con la magia:** Las fases lunares, las deidades y sus conexiones con la luna, cómo la luna carga su magia, rituales y hechizos.

- **Protección:** Siempre que realice cualquier forma de magia, es esencial que se proteja. Utilice esta sección para registrar hechizos y rituales de destierro, atadura y protección.

- **Símbolos:** Utilice esta sección para enumerar las imágenes sagradas, los sigilos y los símbolos que considere poderosos y útiles para su trabajo.

El grimorio no es su libro personal; está diseñado para ser transmitido a otros para que puedan aprender de usted y del conocimiento que ha adquirido de sus antepasados y mentores.

Capítulo 2: Crear y bendecir su grimorio

Pasemos ahora a los pasos prácticos para crear su grimorio. En primer lugar, tiene que elegir el tipo de libro que desea crear. ¿Tendrá varias versiones, o creará un registro enciclopédico de su información mágica?

Los distintos tipos de grimorio

Libros de hechizos

Es el equivalente a un libro de recetas para sus hechizos y pociones. Algunas brujas creen que este tipo de libro se guarda mejor en el corazón de la casa, la cocina. Los libros de hechizos enumeran las fórmulas de aceites y polvos que forman la base de la mayoría de las pociones. Su libro de hechizos debe incluir recetas específicas para pociones de amor, hechizos de atracción y otros tipos de magia. Debe haber espacio en cada página para tomar notas sobre el éxito de cada hechizo. Crear un grimorio personal para sus hechizos significa que puede ser más experimental con su trabajo y transferir el artículo terminado a su grimorio principal.

Grimorio en forma de diario

Esto es más como un diario y debe ser escrito cronológicamente, con cada entrada fechada y cronometrada. Algunas personas tratan sus grimorios de diario como una agenda para registrar sus pensamientos y sentimientos diarios y semanales sobre el oficio. Esta forma de grimorio es un recurso inestimable para los principiantes y las brujas nuevas que desean crear un lugar de recogida para racionalizar sus experiencias y trabajos. Si no está seguro de lo que va a incluir en su grimorio estructurado, empiece con un libro tipo diario para poder aprender de sus errores. Si su grimorio es demasiado formal, puede impedirle añadir información que puede ser relevante porque no querrá abarrotar las páginas.

Grimorio de bolsillo

Este es un elemento básico en el arsenal de una bruja moderna. La tecnología moderna significa que puede ser tan básico como un libro de bolsillo o tan técnico como una aplicación en su teléfono inteligente. La idea del grimorio de bolsillo es su accesibilidad. Utilice un cuaderno en blanco para anotar los nuevos hechizos o ingredientes que descubra o descargue un cuaderno inteligente en sus dispositivos. Son flexibles y fáciles de usar y proporcionan a las brujas que se desplazan una forma perfecta de registrar su información.

Aunque existen algunas aplicaciones de grimorios en línea, estas se basan más en el juego que en una aplicación de cuaderno estándar. Algunas también incluyen hechizos, pero están diseñados para ayudar a los personajes a progresar en el juego y son diferentes de los hechizos más tradicionales. Dicho esto, las brujas obtienen información de todas las fuentes, así que por qué no probarla y ver si se beneficia de la aplicación.

Libro de los sueños

Todos los practicantes conocen la importancia de los sueños y los mensajes que contienen, por lo que tener un grimorio de sueños junto a la cama es esencial para registrarlos. Esta es una forma más práctica de registrar las experiencias nocturnas en lugar de tener un grimorio más grande en su mesita de noche.

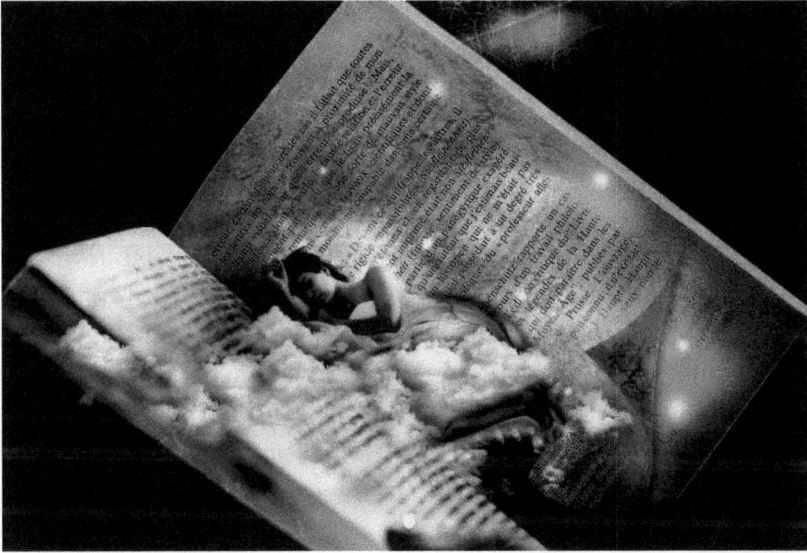

Grimorio religioso

Crear un documento vivo que registre sus pensamientos y sentimientos sobre la religión puede ser una experiencia muy personal. Separar sus creencias religiosas de los aspectos más prácticos de su trabajo le ayuda a contemplar las deidades y los dioses con los que trabaja. Registre sus oraciones, días festivos, rituales religiosos y otras partes específicas de su crecimiento espiritual para que pueda ser testigo de cómo cambia a través del tiempo.

El mashup

Toma los elementos esenciales de los estilos de grimorios anteriores y crea el grimorio perfecto para transmitirlo a sus descendientes. Este tipo de libro debería ser una gloriosa amalgama de los estilos anteriores y parecerse a un manuscrito muy funcional y bello de sus creencias y su oficio.

Qué hay que tener en cuenta al crear su grimorio

Una vez que decide el estilo de creación del grimorio, puede ser desalentador para un principiante. Al enfrentarse a un espacio en blanco, ¿cómo elegir qué utilizar para su libro especial? Dese un respiro y olvide el síndrome del espacio en blanco iniciando el trabajo.

El tipo de libro

¿Cómo quiere que sea su libro? ¿Sueña con un libro de gran tamaño encuadernado en cuero con tapas limpias y oscuras, o su grimorio será más creativo y representará su personalidad? Cierre los ojos y despeje la mente; ahora piense en su grimorio y en su aspecto. El diseño perfecto debe hablar a su alma e inspirarle.

A los paganos modernos les encanta compartir sus diseños y su creatividad en internet, así que consulte algunos ejemplos en la red. Etsy y Pinterest contienen cientos de ideas increíbles que puede utilizar para crear su cubierta. Hay páginas imprimibles que puede incluir e ideas de portadas de libros que se adaptan a todos los estilos.

¿Qué tamaño tendrá?

Si ha adoptado la opción de los grimorios multifuncionales, su grimorio puede ser más voluminoso y estar diseñado para quedarse en casa. Lo último que quiere es quedarse sin espacio en su libro porque siempre está aprendiendo. ¿Cuál es la función de su libro? El grimorio clásico debe organizarse, añadirse y reorganizarse a medida que cambien su estilo y sus niveles de habilidad.

¿Tiene páginas extraíbles?

En lugar de elegir un libro encuadernado tradicionalmente, considere una carpeta que le permita añadir y quitar páginas a medida que sus conocimientos aumenten. Lo que parecía relevante el año pasado puede serlo menos hoy. Si es un alumno flexible y cambia constantemente de opinión a medida que aumenta su experiencia, esta opción es la que más le conviene.

¿Qué medio debe utilizar?

El papel que elija debe adaptarse a los materiales que vaya a utilizar. Incluso puede utilizar una mezcla de tipos de papel. Si va a prensar flores y hierbas o pintar imágenes en su libro, utilice papel de acuarela. Si va a dibujar sigilos, símbolos e ilustraciones, utilice papel en blanco, mientras que el papel rayado le ayudará a organizar el texto.

¿En qué entorno guardará su Grimorio?

¿Será un libro práctico que mantendrá cerca de su lugar de trabajo? Si piensa crear sus pociones en el mismo lugar en el que guarda su grimorio, debería considerar la posibilidad de utilizar una cubierta de limpieza. No se sentirá satisfecho si derrama sus pociones sobre la cubierta de su costoso libro encuadernado en cuero.

¿Cuál es su presupuesto?

No sea demasiado ambicioso en lo que respecta a su grimorio, especialmente si es el primero. Recuerde que el concepto del libro consiste en aprender, por lo que tener un grimorio menos impresionante es mucho mejor que no tener ningún grimorio. No se deje llevar por las increíbles imágenes de los grimorios clásicos; puede que no sean prácticas para sus usos.

¿Qué otras cosas quiere incluir?

Hay inspiración por todas partes, y no debería tener miedo de utilizar fuentes menos tradicionales para decorar su libro. Las guías de viajes, las revistas clásicas y las fotografías pueden utilizarse para decorar el libro junto con métodos más tradicionales, como las acuarelas, la tinta o la caligrafía. El scrapbooking y el decoupage funcionan bien, sobre todo si no se es muy artístico. No se preocupe por ser creativo y pensar de forma diferente. Su grimorio será una extensión rica y creativa de usted mismo y puede incluir tantos medios diferentes como desee.

Cómo hacer que su grimorio sea increíble

Cuando cree un grimorio, tiene que ser una obra de arte que hable a su alma y a su psique interior.

Utilice formas alternativas de imágenes

La mayoría de los grimorios tradicionales están llenos de ilustraciones. Hay algunos ejemplos increíbles de imágenes dibujadas a mano que ilustran hechizos y rituales y adornan las instrucciones. No hay nada malo en crear sus propias ilustraciones, pero no todo el mundo tiene el talento para dibujar bien. Las fotografías pueden ser una forma rápida y colorida de dar vida a su libro.

No es necesario gastar dinero en una cámara de lujo; basta con utilizar lo que ya tiene. Imprima las fotos de su teléfono o utilice una cámara Polaroid para producir fotos prácticas de usted mismo haciendo los hechizos. Tome fotos de su altar y de los cristales o fotos de paisajes de lugares mágicos. Hay muchas maneras de incorporar fotos en su grimorio; las oportunidades son infinitas. Si no le gusta la fotografía, utilice imágenes de revistas y otras fuentes impresas para obtener el color y las imágenes que desea.

Añada espacios de almacenamiento

Cree bolsillos y sobres en su libro. Utilice bolsillos ya preparados o cree los suyos propios con papel de colores para ocultar muestras y objetos sagrados y poder encontrarlos más tarde. Adjúntelos a las páginas de su libro y llénelos con mechones de pelo, amuletos, hierbas secas, fotos de sus cosas favoritas o incluso algo de tierra sagrada. Si es importante y relevante, guárdelo en un bolsillo y consérvelo dentro de las páginas de su grimorio.

Añada elementos secos de la naturaleza

¿Qué hay más realista que una ilustración? Los elementos reales, como una planta, una flor o una hierba, que han sido secados y añadidos a sus páginas tendrán un aspecto increíble y durarán para siempre si se secan correctamente. Todo lo que necesita es un par de libros pesados, un par de hojas de papel seco y las plantas que quiera prensar. Coloque las plantas entre los papeles y apoye los libros pesados sobre ellos. Déjelos hasta tres semanas antes de sacarlos y pegarlos en su grimorio. Las ilustraciones pueden ser hermosas, pero tener la planta real le ayudará a usted y a otros a reconocerlas en la naturaleza.

Añada páginas simplemente dedicadas a la belleza

Un grimorio es un libro de referencia para las brujas, pero ¿significa eso que tiene que estar repleto de información y no contener páginas y objetos que solo estén ahí por placer? Por supuesto que no. Parte de la celebración del camino pagano y de convertirse en una bruja de éxito consiste en apreciar lo que el mundo contiene.

¿Cómo puede maravillarse ante la magnificencia de la naturaleza, las deidades que la gobiernan y las innumerables maravillas del mundo sin imágenes y referencias a ellas? Estos portales artísticos le ayudarán a desaparecer de la realidad y a deleitarse con los momentos de profunda percepción y conexión espiritual. Utilice imágenes de belleza para realzar su libro y crear una obra maestra de belleza natural.

Haga que sus páginas parezcan más antiguas

¿Su grimorio parece demasiado brillante y nuevo? Si quiere que su libro tenga un aspecto envejecido y desgastado, el uso de algunos ingredientes en los estantes de su cocina le ayudará a conseguirlo.

- **Utilice té o café para oscurecer las páginas** — Tome una botella de spray y llénela con té para una mancha ligera o café para un tono más oscuro y rocíe su papel con el líquido. Cree arrugas y desgarros con los dedos mientras el papel está todavía húmedo. Deje que las hojas se sequen de forma natural o acelere el proceso con un secador de pelo.

- **Tiña y hornee su papel para conseguir un color más intenso** — Utilice té y café para crear su base líquida y coloque sus hojas en una bandeja para hornear. Vierta una parte del líquido sobre el papel y utilice posos de café u hojas de té para crear manchas más oscuras. Utilice una esponja para eliminar el exceso de líquido y luego modifique sus hojas con cualquier otro daño que desee. Cree pequeños desgarros o agujeros o simplemente arrugue ligeramente. Introduzca la bandeja en un horno precalentado en el estante central durante unos cinco minutos. Una vez que el papel tenga el efecto que desee, retírelo y déjelo enfriar.

- **Utilice el calor para envejecer el papel** — Tome un encendedor o una vela y colóquelo debajo del papel. Pase la llama por el borde de su hoja para crear un borde irregular que parezca que ha estado ahí desde siempre.

Queme pequeños puntos para envejecer más su papel.

- **Entiérrelo en la tierra** — Tome su hoja de papel y envuélvala alrededor de una pelota de tenis. Ahora entierre la pelota cubierta de papel en su jardín durante unos cinco días (o más si quiere envejecerla más) antes de desenterrarla y cepillar la tierra del papel.

Limpiar, bendecir y cargar el grimorio

Su grimorio es una de las herramientas más importantes que utilizará, y necesita mantenerlo a salvo, libre de negatividad y cargado de energía positiva. Cuanto más cuidado y amor muestre a sus herramientas, mejor será su rendimiento.

Limpieza con humo

El humo es una forma maravillosa de limpiar sus objetos sagrados. El humo se asegurará de que cualquier fuerza negativa se vea obligada a salir. Queme hojas de salvia para crear un humo purificador y pase su grimorio por el humo para desterrar el mal y limpiar su libro. El bálsamo de limón, el romero y otras hierbas frescas pueden crear un humo más aromático, pero asegúrese de realizar la limpieza con humo en una zona bien ventilada para evitar la inhalación de humo.

Utilice una oración o un canto para limpiar su libro y dedíquelo a su deidad favorita mientras realiza la limpieza. Para empezar, despeje su mente y sostenga el libro en sus manos mientras lo hace pasar por el humo y diga: "Bendigo este grimorio con el poder de (inserte su deidad o dios favorito), y pido que mis ancestros, mis seres superiores y el corazón del universo se unan a mí en este proceso". Mientras retira el libro, diga: "Bendigo este libro y lo dedico al bien supremo. Que sus páginas se llenen del conocimiento y la sabiduría del universo y del bien superior".

Cargue su grimorio

Una vez que su libro ha sido limpiado, necesita ser cargado. Si su cubierta es delicada y puede desvanecerse con la luz del sol, utilice la luz de la luna para cargarlo. Si su cubierta es más duradera, coloque el libro a la cálida luz del sol y apele a los dioses y diosas de los poderes solares para que carguen su libro con su poder.

Proteja su libro

Utilice símbolos de protección como runas o sigilos que sean importantes para usted. Coloque los símbolos tradicionales de protección en la portada; pueden ser los siguientes:

- **El ankh:** Un antiguo símbolo egipcio que representa el sol que se eleva en perfecto equilibrio de las energías masculina y femenina. Este símbolo, que se cree que simboliza la clave de la vida, es perfecto para alejar las energías malignas.

- **El nudo escudo celta:** Este nudo decorativo representa los cuatro elementos y proporciona protección utilizando el poder del universo.

- **El ojo de Horus:** Una representación del dios egipcio Horus, este poderoso símbolo se utiliza para desterrar el mal y proteger el libro de maldiciones y hechizos negativos.

- **El dios de los cuernos:** Símbolo de la fertilidad y del ciclo vital representado con un círculo coronado por una luna creciente. Es especialmente fuerte en julio, cuando tiene lugar la bendición del dios de los cuernos.

- **El pentáculo:** Es probablemente el símbolo más reconocido de la wicca y la brujería. Las cinco estrellas representan los cuatro elementos combinados con el ser o espíritu divino. Es la forma de protección por excelencia y cubre todas las bases de la protección.

Bendiga su grimorio

Quizás la parte más importante de cualquier ritual de brujería es la bendición del grimorio. Escriba una bendición que signifique algo para usted y que incorpore las cosas que aprecia. Incluya emociones, una llamada a sus deidades y el amor y la consideración que siente por su oficio. Suplique a la Madre Tierra que vele por usted y por su obra y que mantenga su libro a salvo de miradas indiscretas y fuerzas destructivas.

Su oración de bendición debe ser edificante y estar llena de amor. Debe salir de su alma y reflejar sus pensamientos y sentimientos más profundos. Escríbala con calma y, a continuación, bendiga el libro con velas blancas e incienso. Cree una hermosa página ilustrada con las palabras de su bendición escritas a mano y colóquela en su grimorio.

Ahora tiene su libro(s), y sus intenciones son claras. Está protegido, cargado y bendecido, y tiene la protección que necesita para comenzar su viaje espiritual.

Capítulo 3: Elementos y correspondencias

Los elementos en brujería no son los mismos que los elementos químicos. En la escuela, aprendemos que la tabla periódica y sus elementos están presentes en nuestro entorno, pero en brujería, los elementos son muchos más.

Las personas que no estudian o practican la magia dan por sentado estos elementos y prestan poca atención a cómo afectan a su vida. Las brujas y los paganos entienden que los elementos y sus correspondencias son la base de todas las cosas, y afectan a todos los aspectos de nuestras vidas y personalidades. Las brujas aprenden a sintonizar con los elementos y a utilizarlos para mejorar su trabajo y hacer más fuertes sus poderes.

Estas asociaciones elementales y sus correspondencias son una parte importante de su conocimiento. Es esencial que usted dedique una página de su grimorio en la que se explique cada elemento y se enumeren las correspondencias; téngalas a mano para consultarlas.

Los cinco elementos incluyen los cuatro elementos tradicionales y las distintas cualidades asociadas a ellos:

- **Fuego:** Energía masculina, movimiento, actividad, amor, pasión, coraje, riesgo, valentía, impaciencia.

- **Agua:** Energía femenina, amor romántico, emociones, empatía, creatividad, arte, conectividad, secretismo.

- **Aire:** Energía masculina, inteligencia, comunicación, inquisición, espíritu elevado, entusiasmo.

- **Tierra:** Energía femenina, con los pies en la tierra, racional, estable, fiable, ama de casa, ética del trabajo

El quinto elemento es el yo o espíritu. Este es quizás el elemento más esencial, ya que resuena desde usted. Su espíritu, sus emociones y su fuerza crean la energía que une a todos los elementos y los hace funcionar juntos. El medio facilitador de la energía se origina en usted y en su conexión interior con el universo. Usted es el creador de la sopa de energía que mezcla los elementos y los convierte en una mezcla nutritiva de energías que alimentan su psique.

Las propiedades y correspondencias de cada elemento son una guía para ayudarle a descubrir lo que mejor le funciona. Solo cuando trabaja con los diferentes elementos puede descubrir lo que significan para usted. Por eso es importante registrar sus éxitos y fracasos, y utilizar su grimorio para documentar su trabajo significa que siempre está aprendiendo.

Los cinco elementos y sus correspondencias

1. Fuego

¿Está listo para encender su magia en el fuego? Este elemento es fundamental para su arsenal, desde la llama más pequeña hasta la poderosa hoguera. El fuego y sus propiedades significan cosas diferentes para cada persona. Cuando utiliza el fuego en su trabajo, puede ser purificador y cargarlo emocionalmente o traer pasión y éxito a su vida.

- **Punto de la brújula:** Sur.
- **Fuentes:** Velas, fuego de leña, hogueras, estufas, sol, electricidad, volcanes, terremotos, fuegos artificiales, química.
- **Partes del cuerpo afectadas:** Zonas genitales, sistema inmunitario, metabolismo.
- **Signos del zodiaco:** Aries, Leo, Sagitario.
- **Planetas:** Marte, Sol, Plutón.
- **Propiedades mágicas:** El fuego se utiliza para crear nuevos ambientes, embellecer el rango emocional, transformar vidas, purificar atmósferas, atraer nuevas parejas, tener mejor sexo, crear fuertes fuerzas energéticas, destruir el

mal y alejar el daño.

- **Animales de fuego y criaturas mágicas:** Hormigas, escorpiones, salamandra, sabuesos del infierno, tritón de fuego, fénix, araña del infierno, murciélago de fuego, abejas, grillos, zorro, león.

- **Colores:** Escarlata, rojo, naranja, amarillo, morado, blanco, dorado, azul.

- **Herramientas:** Athames, cuchillos, dagas, fuegos de madera, estufas, velas e incienso.

- **Plantas, flores y hierbas:** Canela, chile, pimienta, jengibre, caléndula, dragón, sangre de dragón, artemisa, ortiga, acebo, cedro, angélica, albahaca, cincoenrama.

- **Cristales:** Piedra de sangre, jaspe rojo, ópalo de fuego, rubíes.

¿Cómo reacciona el fuego con otros elementos?

El aire hace que el fuego sea más fuerte; alimenta la chispa más pequeña y la convierte en una fuerza más poderosa. El agua funciona de dos maneras: puede ser calentada por el fuego para crear vapor y agua caliente, que son fuerzas poderosas, o puede apagar el fuego y anular el poder de la llama. La tierra necesita el calor de las llamas del sol y su calor para prosperar, pero las llamas también pueden destruirla. La tierra quemada también proporciona un nuevo comienzo para algunos e indica nuevos comienzos.

Temas de la magia del fuego

- Atraer a la pareja y mejorar la pasión.
- Aumentar la confianza y fomentar el éxito.
- Impulsar la fuerza de carácter y la fuerza física.
- Desarrollar un mayor nivel de compasión y empatía.
- Desterrar pensamientos y emociones negativas.
- Protección contra la negatividad y el mal.
- Aportar luz a la situación y fomentar que las cosas salgan de las sombras.
- Fortalecer las relaciones.

- Aumentar la energía personal.
- Crear nuevas oportunidades.
- Poner en marcha nuevos proyectos.

Tipos de hechizos

- Magia con velas.
- Hechizos de destierro.
- Quemar viejas asociaciones para liberar la energía negativa.
- Cristaloscopia utilizando llamas y fuego.
- Rituales de limpieza con llamas y calor.
- Creación de captadores de sol reflectantes.
- Ofrendas a los dioses y deidades mediante la quema ritual.
- Fiestas del fuego.
- Decoración de los rincones.
- Rituales de hogueras.
- Magia de las tormentas, potenciando el poder de los rayos y las tormentas.
- Energías solares para cargar herramientas y hechizos.
- Magia de cocina, hornear, cocinar, pociones, tés y brebajes.

El fuego es un elemento poderoso, y usted es el activador, así que sea cauteloso y recuerde lo rápido que las cosas pueden salirse de control.

2. Agua

Desde la más pequeña gota de líquido hasta los poderosos océanos, el agua es la fuente de vida de nuestro planeta y más allá. Para algunos, es el elemento de limpieza y purificación por excelencia. Para otros, puede significar destrucción y emociones. El agua puede asociarse a los sueños y a las profecías, pero sus propiedades tendrán un significado diferente para cada persona. Utilice la siguiente guía para entender cómo utilizar el poder del agua.

- **Punto de la brújula:** Oeste.

- **Fuentes:** Lluvias, tormentas, mareas, condensación, rocío, ríos, océanos, estanques, cascadas.

- **Signos del zodiaco:** Piscis, Cáncer, Escorpio.

- **Planetas:** Luna, Júpiter, Saturno, Urano, Neptuno.

- **Propiedades mágicas:** Aliviar el malestar emocional, mejorar los sueños, renacimiento, recreación, calmar las relaciones, conectar con el mundo espiritual, amistad.

- **Animales acuáticos y criaturas mágicas:** Aves marinas, gaviotas, garzas, ballenas, delfines, langostas, crustáceos, anfibios, sirenas, kelpie, serpientes marinas, ondina.

- **Colores:** Azul, turquesa, plata, blanco, azur, cerceta.

- **Herramientas:** Herramientas de adivinación, cuenco, espejos, cáliz.

- **Plantas, flores y hierbas:** Pepino, loto, menta verde, sandía, aloe vera, algas, albahaca, cilantro, jazmín, artemisa, melisa, tulipán, hierba gatera, belladona.

- **Cristales:** Sodalita, calcedonia, piedra de luna, perla, lapislázuli.

Temas de la magia del agua

- Salud general, especialmente la vista y la belleza.
- Conexiones creativas y espirituales.
- Mejora de las relaciones de pareja.
- Transformaciones.
- Crear equilibrio y armonía.
- Aportar paz y satisfacción.
- Auto-reflexión.
- Crear nuevos objetivos y manifestarlos.
- Protección y energía positiva.
- Poder, éxito y salud.
- Promover la abundancia y la prosperidad.

Tipos de hechizos

- Hechizos de baño.
- Baños rituales y remojos.
- Dispersar la negatividad usando agua que fluye.
- Agua bendita para la limpieza.
- Magia de tormenta usando el poder del tsunami, el granizo, la nieve y la lluvia torrencial.
- Lanzar mensajes en una botella al océano.
- Crear pociones y tés mágicos.
- Crear aguas mágicas para su altar.
- Agua lunar.
- Rituales de purificación.

3. Aire

Desde la más leve ráfaga de viento hasta la fuerza de una furiosa tormenta, el aire es un elemento increíblemente poderoso para mantener la vida. Sin el aire, nos asfixiaríamos. En términos mágicos, también significa dar aliento a su trabajo y permitirle crecer. El aire puede representar comunicación o actividades para algunos, y emociones y abundancia para otros. Los siguientes puntos son una guía, y cuando trabaje con el aire, pronto descubrirá cómo utilizarlo.

- **Punto de la brújula:** Este.

- **Fuentes:** Viento, nubes, huracanes, aliento humano, sonidos musicales, palabra hablada, brisa marina, tornados.

- **Signos del zodiaco:** Géminis, Libra, Acuario.

- **Planetas:** Júpiter, Mercurio, Luna.

- **Propiedades mágicas:** Comunicación, expansión de la mente, viajes, creatividad, éxito en los negocios, movimiento, salud física, habilidades de escritura, salud mental, purificación, habilidades musicales.

- **Animales acuáticos y criaturas mágicas:** Pájaros, insectos, peces voladores, ardillas, murciélagos, polillas, mariposas, ninfas, sílfides, hadas, duendes, pegasos, dragones.

- Colores: Blanco, amarillo, plata, azul, gris.

- **Herramientas:** Instrumentos, campanas, velas, incienso, campanillas, conchas marinas, burbujas, plumas.

- **Plantas, flores y hierbas:** Musgo español, álamo, abedul, diente de león, hinojo, acacia, almendra, helecho, nueces de Brasil, achicoria, cítricos, lima, menta, muérdago.

- **Cristales:** Aventurina, citrina, diamante, piedra de luna, topacio, circón.

Temas de la magia del aire

- Imaginación.

- Liderazgo visionario.

- Destrucción y reconstrucción.

- Cruce y evasión de obstáculos.

- Purificación.

- Salud y felicidad.

- Viajes exitosos.

- Negocios.

- Mejora de la comunicación.

- Aprendizaje.

- Expandir la mente y comunicarse con los espíritus.

Tipos de hechizos

- Utilizar burbujas para enviar mensajes divinos.

- Quemar incienso para conectar con los cielos y los dioses.

- Expresar sus intenciones en un papel y subir a la cima de un acantilado. Deje que el viento se lleve el papel y lo envíe a los cielos.

- Encender velas y pedir un deseo al apagarlas.

- Limpiar su casa y su altar con una limpia.

- Utilizar el poder del clima tormentoso para alimentar su trabajo.

- Trabajar con criaturas mágicas como las hadas para que sus deseos sean más fuertes.

- Trabajar en los santuarios de aves locales para formar una alianza con nuestros amigos emplumados.

- Escribir poesía y música que represente sus creaciones.

- Utilizar el poder de la palabra hablada para cantar y entonar sus intenciones al universo.

- Utilizar la magia de las plumas.

4. Tierra

Los elementos más tangibles, la tierra en la que cultivamos nuestros alimentos y el suelo sobre el que construimos nuestras casas, se basan en el elemento tierra. El planeta en el que vivimos representa a la perfección la fuerza de este sencillo pero poderoso elemento.

Dependiendo de la persona, este elemento aporta crecimiento y arraigo a algunos, mientras que para otros representa un lugar de descanso final y el fin de ciertas creencias. Para ellos, la tierra es una parte fundamental del crecimiento y el renacimiento. Las características que se indican a continuación son subjetivas y pretenden ser una guía para ayudarte a sacar el máximo partido a su trabajo.

- **Punto de la brújula:** Norte.
- **Fuentes:** Suelo, tierra, cenizas, campos, plantas, hongos, líquenes, cuevas, parques, árboles, viveros, cocina.
- Signos del zodiaco: Capricornio, Tauro, Virgo.
- **Planetas:** Tierra, Sol, Luna.
- **Propiedades mágicas:** Crecimiento individual, feminidad, renacimiento, estabilidad, humanidad, confianza, éxito financiero, mantenimiento de la vida, maternidad y niños.
- **Animales acuáticos y criaturas mágicas:** Perros, gatos, gusanos, jerbos, topos, ardillas, ratas, ratas de agua, caballos, vacas, ovejas, cerdos, gnomos, enanos, trolls, gigantes, cíclopes, dríades.

- **Colores:** Marrón, gris, azul, negro, cobre, ámbar, verde.

- **Herramientas:** Cuencos, sal, tierra bendita, arcilla, piedras, raíces.

- **Plantas, flores y hierbas:** Roble, pachulí, patatas, maíz, musgo, vetiver, jengibre, romero, cúrcuma, melisa, raíz de jengibre.

- **Cristales:** Ojo de tigre, cuarzo ahumado, jaspe dálmata, obsidiana negra.

Temas de la magia del aire

- Crecimiento de la personalidad.

- Descubrir el niño interior.

- Ser mejores padres.

- Salud.

- Lidiar con la vejez.

- Aceptar la muerte y el duelo.

- Pasar a mejor vida.

- Estar más en sintonía con el medio ambiente.

- Cuestiones ecológicas.

Tipos de hechizos

- Cultivar un jardín mágico con hierbas e ingredientes sagrados.

- Crear infusiones y tés para la salud y el amor.

- Enterrar hechizos para madurar su fuerza.

- Utilizar tierra y arena en sus trabajos.

- Utilizar la sal para limpiar su zona y su hogar.

- Ofrecer creaciones de hierbas a las deidades.

- Cultivar plantas e infundirlas con sus intenciones.

- Trabajar con las hadas y los seres pequeños.

- Magia con árboles.

• Crear coronas con ramas y hojas.

5. Elementos del yo, del espíritu y del éter

Este elemento es la energía celestial que llena todos los espacios vacíos. Los antiguos griegos creían que este elemento creaba un plano por encima del mundo terrenal, y lo llamaban el éter. Creían que su poder se transfería a la Tierra desde arriba y creaba la gravedad.

Las creencias más modernas llevan el concepto del espíritu mucho más lejos. Mientras que los cuatro elementos tradicionales se rigen por reglas y siguen un determinado patrón de energía, el elemento del espíritu tiene un movimiento más circular y se niega a ajustarse a las reglas. En cambio, actúa como el pegamento de los dioses y une los elementos físicos creando una panacea que mantiene el mundo girando.

El éter es más difícil de definir y utilizar porque no tiene forma física y no se rige por las reglas tradicionales. Tiene el poder de la transmutación, la alquimia, la energía divina, el movimiento eterno, la naturaleza y la velocidad. Es un puente entre el cielo y la tierra y la conexión entre nuestro corazón y nuestra alma. Todos los seres vivos tienen una conexión entre sí, y las brujas y los trabajadores de la luz creen que el elemento del espíritu es ese "algo" que todos sentimos, esa atracción que tenemos hacia los seres que existen tanto en nuestra existencia como más allá de ella.

Hay varias correspondencias asociadas con el elemento del espíritu. El blanco y el negro representan la aplicación más práctica de la verdad, mientras que los colores del arco iris se utilizan para tipificar la creación más maravillosa de la naturaleza.

Este elemento se utiliza para ordenar las fuerzas espirituales y su ayuda en el trabajo de hechizos y conexiones con el universo es significativa. Los practicantes más esotéricos utilizarán su poder para ayudar en los hechizos relacionados con el misticismo, las ilusiones, la telequinesis y otros tipos de magia metafísica.

Los cristales asociados con el espíritu son el aura del ángel, el cuarzo, las piedras shiva lingam y los meteoritos.

Sus animales y símbolos asociados son las arañas, los camaleones, los árboles celtas, los nudos celtas, la espiral y el círculo.

Cómo conectarse más con los elementos

Al trabajar con los elementos, sentirá una conexión con ellos que trasciende la realidad física. Intente incorporarlos a su vida. Utilice los colores que corresponden a su elemento preferido y decore su casa con materiales naturales. Utilice madera y corcho en lugar de plástico o materiales manufacturados. Use fibras naturales y lana en lugar de telas manufacturadas.

Coloque objetos elementales en su lugar de trabajo o en su altar.

- **Agua:** Velas azules, un vaso de hielo, conchas marinas.

- **Fuego:** Velas rojas, tela escarlata, cenizas, cerillas.

- **Tierra:** Plantas, piedra, rama, un vaso de tierra, suelo, barro.

- **Aire:** Una pluma, un abanico, un incienso, velas, un globo.

- **Espíritu:** Una vela morada, una bola de cristal, una cuerda natural, cáñamo.

Visite lugares naturales de gran belleza para conectar con los elementos. Vaya a espacios increíbles con masas de agua naturales. Camine por una playa y deje que sus pies se hundan en la arena. Camine por el bosque y recoja hojas y bayas para llevárselas a casa. Abrácese a un árbol y sienta la conexión que tiene.

Medite mientras se da un baño para sentirse más cerca del agua. Pida que el calor del agua caliente su alma y limpie su mente. Vaya a caminar bajo la lluvia para lograr una conexión más elemental y sentir las gotas de lluvia corriendo por su cara. Vaya al exterior cuando haya una gran tormenta para conectarse con los cuatro elementos a la vez. Manténgase a salvo, pero sienta la fuerza de la tormenta desde una zona protegida.

Conéctese con el aire abriendo las ventanas y sintiendo cómo la brisa limpia su entorno. Siempre que pueda, deje que el aire fresco le rodee a usted y a su espacio. El aire aporta energía y aleja la negatividad. Cuando sienta que su espíritu se eleva, apele a los dioses y deidades para que le ayuden a conectar con el quinto elemento del espíritu. Sienta las conexiones que se forman al abrazar la naturaleza, los espíritus y el universo.

Cuando se esfuerza por abrazar los elementos, está dominando el arte de vivir bien. Si le preocupa el rumbo, su brujería apela a los elementos para que le muestren símbolos y señales sobre lo que debe hacer a continuación. Recuerde que cada ser en la tierra y en el éter es parte de un gran equipo. Una vez que usted abrace esa positividad, se sentirá parte de la imagen más grande. Prepárese para abrazar sus mensajes y utilice su grimorio para registrar las experiencias que siente. Viva conscientemente y haga que los elementos trabajen para usted para darle el mando sobre su vida y la fuerza para realizar los rituales y hechizos más asombrosos.

Capítulo 4: Lo esencial de la wicca

Ahora es el momento de hacer que su grimorio esté más orientado a la wicca. Incorporar la esencia wicca le ayudará a practicar la magia de forma responsable y segura. Aunque las creencias y prácticas de la magia pagana se remontan a siglos atrás, el movimiento wicca se hizo más popular gracias al funcionario británico retirado Gerald Gardner. La derogación de las Leyes de Brujería en Inglaterra en 1951 supuso un resurgimiento del estudio de lo oculto y de la magia relacionada con la naturaleza y otros dioses y diosas paganos. Publicó el libro *Witchcraft Today* (La brujería hoy) en 1954 y formó un aquelarre popular, lo que rápidamente provocó el aumento del interés por la wicca moderna. La práctica no tardó en popularizarse en los Estados Unidos en la década de 1960, donde el énfasis en estilos de vida poco convencionales y el alejamiento de las religiones tradicionales estaban muy en boga.

En la actualidad, los wiccanos practicantes viven según la regla de la red, "siempre que se practique, procura no hacer daño", aunque existen versiones más extensas. Anotar su interpretación de la rede wiccana al frente de su grimorio es una forma perfecta de recordar por qué hace lo que hace. Algunos wiccanos creen en la "regla de tres", que sugiere que el bien que hace y la positividad que envía al mundo le serán devueltos por partida triple.

Uno de los puntos principales que hay que recordar es que se puede practicar la magia pagana sin ser un wiccano. ¿Quiere definir sus prácticas, o es feliz trabajando bajo el paraguas general de los practicantes de la magia pagana o la brujería? Si se siente atraído por la magia y en general quiere vivir una vida más mágica y comprender las maravillas del mundo natural, se siente atraído por el paganismo/la brujería/magia. ¿Es usted una bruja? Puede ser. Hay muchos tipos, así que podría encajar en una categoría clasificada como bruja.

Sea cual sea su vocación, los caminos de la wicca son fascinantes y abarcan las creencias de la mayoría de los paganos. Los símbolos y elementos representan la importancia de las estaciones y los ciclos del año. No importa dónde viva o cómo se sienta con respecto a la religión, las estaciones y las fiestas del año le afectarán.

La rueda del año wiccana

La rueda del año representa las ocho fiestas paganas y su importancia en las creencias wiccanas. La rueda es un registro bellamente decorado de las fiestas paganas que tienen sus raíces en el paganismo celta y germánico, que dictan qué rituales y celebraciones se observan.

Las ocho fiestas paganas explicadas

1. Yule, el solsticio de invierno, del 20 al 23 de diciembre.

El solsticio de invierno se celebra durante los últimos días del año y es cuando los paganos se preparan para los próximos meses de invierno. Es el momento de recordar que, aunque se acerquen los meses fríos, todavía puede haber calor y calidez en su vida. Las casas se decoran con troncos de Yule y muérdago para ahuyentar el mal y mantener el hogar a salvo. Los árboles de los jardines también se decoran con alimentos que prosperan en el frío como un recordatorio de que siempre habrá abundancia de alimentos incluso durante un tiempo sombrío.

2. Imbolc, la promesa de la primavera, 2 de febrero.

Traducida del gaélico, la palabra Imbolc significa "del vientre" y representa la época del año en que las ovejas empiezan a producir leche, lo que significa embarazo. Es un momento de esperanza y de mirar hacia adelante, y marca el punto medio entre el equinoccio de invierno y el de primavera. Se celebran ritos y rituales de fertilidad y se incluye a la diosa pagana Brigid en las celebraciones. Las velas y las hogueras representan la chispa divina de Imbolc y el hecho de que la naturaleza se despierta y comienza a florecer.

3. Ostara, el equinoccio de primavera, del 19 al 22 de marzo.

La primavera está aquí y ha llegado el momento de las celebraciones. Adorne su altar con colores brillantes y primaverales y con símbolos de renacimiento. Las flores frescas y las velas deberían anunciar esta época de energía y renacimiento, y la diosa Eostre es una deidad importante asociada tanto a la Pascua como a Ostara. Plante nuevos bulbos y pase tiempo en su jardín celebrando el fin del invierno y el nacimiento de la primavera.

4. Beltane, la fiesta del fuego, 1 de mayo.

También conocida como la celebración del primero de mayo, la época de Beltane suele incluir la construcción de hogueras y el baile alrededor del palo de mayo. Beltane es el comienzo del verano pastoral y una época en la que se celebra la ganadería. Es el punto medio entre el equinoccio de primavera y el de verano. Los niños lo celebran recogiendo flores y practicando la danza tradicional. Algunos wiccanos pasan la noche de Beltane durmiendo en el bosque y, por la mañana, se bañan en arroyos y manantiales. Las deidades femeninas se celebran con ofrendas de flores y vino, y la comunidad se reúne para preparar el verano.

Beltane es el momento perfecto para las ceremonias de unión de manos y el salto de la escoba. La unión de manos es un ritual wiccano que une a dos personas y celebra su amor mutuo y por la naturaleza. Estas fiestas paganas son una forma alternativa de matrimonio para los wiccanos, y los invitados deben recibir regalos y favores cuando asisten.

5. Litha, solsticio de verano, del 19 al 23 de junio.

El solsticio de verano es el momento del día más largo y la noche más corta. Esta festividad tiene que ver con la abundancia y el crecimiento, y a los paganos les encanta celebrarlo con hogueras, comida abundante y bebida. En este día, muchos wiccanos celebran al Rey del Roble y su fertilidad. También dan gracias a la diosa Epona, protectora de los caballos y las mulas. Se puede adornar el altar con objetos relacionados con el sol, como la madreselva, el ámbar, las velas de oro y la hierba de San Juan. Realice hechizos para el amor y la pasión en este sabbat y celebre la fertilidad y la natalidad.

Junte hierbas y frutas frescas de su jardín y compártalas con sus amigos. Utilice la artemisa para crear una almohada de sueños e invite a los dioses y diosas del sueño a visitarle y a llenar sus sueños de magia e intenciones.

6. Lughnasadh, la primera cosecha, 1 de agosto.

La última parte del verano suele significar la cosecha y el almacenamiento de alimentos y granos en preparación para el largo invierno que se avecina. Es una época de abundancia, prosperidad y agradecimiento por las bondades de la tierra. Celebre con muñecos de maíz y girasoles, y decore su altar con caléndulas y bayas con velas amarillas y verdes.

Cocine pan y cree un festín para que sus amigos disfruten mientras se reúnen para honrar las energías naturales. Utilice hechizos para generar abundancia para los demás y traerles suerte y prosperidad. Lughnasadh es el momento de compartir y ser generoso con las personas que quiere. Asegúrese de que todos sean bendecidos y felices, y su positividad será devuelta por partida triple.

7. Mabon, equinoccio de otoño, del 21 al 24 de septiembre.

Este es el momento perfecto para disfrutar de los últimos rayos del verano durante el día y disfrutar de las noches más frescas con un toque de frescura en el aire. Adorne su altar con colores otoñales como el dorado y el rojizo, y coloque conos de abeto y calabazas entre sus ofrendas verdes y doradas.

Es el momento de celebrar el proceso de envejecimiento y reconocer la sabiduría de los familiares y amigos mayores. Esté disponible para visitar a los abuelos o sea voluntario en una residencia asistida para reconocer la importancia de los ancianos en nuestra sociedad. Celébrelo con comidas y bebidas abundantes. El hidromiel y la tarta de calabaza son el menú perfecto para compartir con sus amigos para celebrar este sabbat dorado.

8. Samhain, el año nuevo de las brujas, del 31 de octubre al 1 de noviembre.

Quizás el sabbat más celebrado del calendario, mientras que Halloween ha sido adoptado por los medios de comunicación y convertido en un evento comercial, las celebraciones wiccanas son más tradicionales y sagradas. Es la fiesta de los muertos y es el momento perfecto para estar en comunión con los seres queridos que han fallecido y celebrar el final del verano con los amigos. Tome vino caliente e invite a su familia a unirse a usted mientras se prepara para el final de la temporada de cultivo.

Si ha perdido a un ser querido durante el año, es el momento de llorar y asumir su muerte. Celebre reuniones con las personas que han perdido a sus seres queridos, celebre sus vidas y comparta historias mientras come y bebe. Utilice su altar para bendecir sus pertenencias y llévelos en su corazón. Samhain no es un momento espeluznantemente morboso, sino todo lo contrario. Es un momento para apreciar la vida y celebrar la oportunidad de renacer.

Los sabbats wiccanos están abiertos a la interpretación, y no hay reglas fijas que seguir. Asegúrese de investigar sobre las variantes celtas, germánicas, nórdicas y otras sobre cómo se celebra y qué rituales realizar. Cree sus propias formas de celebrar y compártalas en su grimorio. Tome fotos de las celebraciones y decore las páginas con imágenes alegres.

Herramientas e implementos wiccanos

Cuando empiece a practicar la brujería, puede ser tentador comprar una amplia gama de herramientas y accesorios al principio, pero no es necesario. Comience con implementos de cocina y luego decida qué incluir en su kit de herramientas mágicas. No gaste mucho dinero en herramientas hasta que sepa lo que necesita y quiere.

Cada artículo tiene un propósito, pero no los necesita todos. Elija los artículos que le hablen y atraigan el trabajo que desea realizar.

1. Altar

Hemos hablado mucho sobre los altares en general y su papel en la brujería. Entrando en más detalles, los detalles del altar difieren de una bruja a otra. Algunas prefieren una superficie portátil hecha de materiales naturales como la madera o la piedra, mientras que otras prefieren altares fijos hechos de materiales más resistentes. Los altares pueden ser tan sencillos como un maletín, un cajón de la habitación o una caja de cartón. El objetivo principal del altar es crear un punto de atención para usted y hacerlo especial. Puede utilizar telas y pañuelos para crear una superficie colorida y utilizar su altar para mantener sus objetos sagrados a salvo.

Siga estos pasos para elegir el altar que más le convenga:

- ¿Qué es importante para usted? ¿Se centra en deidades y símbolos, o es más fluido? ¿Qué tamaño debe tener?

- ¿Dónde va a estar? ¿Es un altar permanente, y si lo es, dónde residirá? Elija su ritmo favorito y erija su altar en un lugar de alegría donde no interfiera con la vida de las demás personas con las que convive.

- ¿En qué dirección debe mirar? Los elementos y sus puntos cardinales deberían dictar la dirección a la que debe orientarse. Considere un altar que pueda girarse fácilmente para corresponder al elemento con el que está trabajando.

- ¿Qué decoraciones va a colocar en él? Por regla general, las representaciones de los cuatro elementos son esenciales, y la sal y el agua protectoras son necesarias. Las velas representan el aire y son una herramienta poderosa en la magia. Añadir los símbolos de las deidades y del universo resulta decorativo y poderoso.

- Cree un espacio de trabajo. No llene demasiado su altar y cree un caos. Debe usarlo como un espacio de trabajo, y dejar espacio libre en su altar significa que siempre está listo para el trabajo mágico. Llenar su altar con artículos puede crear una extraña mezcla de energías y dejarlo sintiéndose sofocado.

- Entreténgase. Los altares de brujas están ahí para mejorar su oficio, y deben reflejar eso. No tenga miedo de mezclar un poco; diviértase y sea creativo con su altar.

2. Campanas

Tradicionalmente, las brujas utilizaban campanas y otras herramientas auditivas para alejar a los espíritus malignos y desterrar la energía negativa. Las herramientas que crean ruido o vibraciones deben usarse de la misma manera. Las campanas, los sonajeros y los cuencos cantores aportan una sensación simbólica de paz y se utilizan para alejar espíritus y energías no deseadas.

3. Cuchillas

Las cuchillas son una herramienta clave. Vienen en muchas formas y se pueden utilizar para lanzar círculos y otros gestos simbólicos para disociar cosas. Elija entre el athame, el boline, las espadas o las dagas tradicionales para ayudarle a hacer un corte metafórico cuando trabaje. En brujería, las hojas permanecen sin filo y nunca se afilan por razones de seguridad, ya que no se utilizan para cortar realmente. Si quiere picar hierbas o cortar flores, utilice cuchillas normales y afiladas de la cocina.

4. Escoba

Las escobas de bruja han formado parte durante mucho tiempo de la imagen tradicional de las brujas. En los rituales wiccanos y paganos, se utilizan para limpiar y purificar una zona antes de los hechizos. Suelen estar hechas de ramitas de abedul y pueden ser tan pequeñas o grandes como se desee. Se utilizan para barrer zonas en el sentido de las agujas del reloj para crear un espacio purificado para que pueda trabajar, y recuerde mantenerlo separado de sus herramientas de limpieza estándar. Cuando no esté utilizando la escoba, cuélguela sobre una puerta o ventana para alejar las energías negativas de la casa.

5. Velas

Estas útiles herramientas se utilizan para múltiples propósitos en la brujería, por lo que debe tener un stock de ellas en muchos colores. Las velas de té, las velas de altar o las simples velas domésticas se utilizan en hechizos y rituales. Hay algunas velas fabulosas y decoradas disponibles en tiendas especializadas para las brujas que quieren mejorar su trabajo.

6. Caldero

Cuando se imagina un caldero, probablemente sea enorme, suspendido sobre una pila de troncos ardiendo y lleno de una poción burbujeante. En realidad, cualquier recipiente de hierro fundido de tres patas funcionará igual de bien. Toda bruja necesita un recipiente para escudriñar, hacer pociones y quemar hierbas, así que elija uno que se ajuste a sus necesidades.

7. Cáliz

Un cáliz sagrado se utiliza en los rituales para compartir agua o vino. Elija el estilo que más le guste y guárdelo en su altar cuando no lo utilice.

8. Herramientas de adivinación

Si quiere trabajar con la adivinación, existen numerosas herramientas. Las cartas del tarot, los espejos de adivinación, las bolas de cristal y los péndulos se utilizan para recibir mensajes e información del universo. Si colabora con los guías espirituales y los ángeles, puede utilizarlos para que sus mensajes sean más fáciles de entender. Como con toda la magia, asegúrese de protegerse adecuadamente antes de intentar comunicarse con los espíritus. Manténgase a sí mismo y a los demás libres de daños.

9. Incienso

La brujería y los hechizos wiccanos deben involucrar todos los sentidos, y el incienso se utiliza para crear olores increíbles que le ayuden a concentrarse en su trabajo. Hay palos, conos y polvos disponibles y la combinación de aromas utilizados es enorme.

10. Cuerda o cordel

Tener algo de cuerda en su caja de herramientas significa que puede realizar ceremonias de unión de manos, hechizos de escalera, magia de nudos y otros hechizos y rituales de unión.

11. Varita

Siendo tal vez la herramienta más valiosa y tradicionalmente hecha de madera, debe elegir su varita con cuidado. La mayoría de las brujas y wiccanos le dirán que la varita los eligió a ellos y no al revés. Encuentre una que le hable a usted y que esté hecha del tipo de madera que representa la magia que desea realizar.

Dado que la varita es la herramienta que utiliza para lanzar hechizos, es posible que prefiera tener una selección para elegir. Hay una gran selección de varitas en las tiendas wiccanas y de la nueva era, pero las varitas más poderosas son las hechas en casa. Dé un paseo por el bosque y encuentre una rama que le atraiga. Puede estar sujeta a un árbol, o puede estar tirada en el suelo. Cuando encuentre la rama perfecta, pida permiso al árbol para utilizarla y espere hasta que obtenga una sensación positiva del árbol. Agradezca al árbol y deje una pequeña ofrenda, como un poco de miel o flores, para marcar su respeto.

Ahora puede decorar y consagrar su varita con energía y positividad. Elija un hechizo que le hable y refleje lo que necesita de su varita. Recuerde que es una pieza personal de su personalidad solo para su uso.

12. Usted mismo

Usted es la herramienta más poderosa de todas. Incluso el hechizo o ritual más avanzado no significará nada sin su energía y confianza. Ser fiel a sí mismo le ayudará a convertirse en la herramienta principal que une a todos los elementos y espíritus para trabajar a su favor.

Capítulo 5: Creación de una guía de referencia: Hierbas

La brujería y las prácticas wiccanas dependen en gran medida de las hierbas y plantas naturales para crear pociones, ayudar a los hechizos y añadir poder a los aceites de unción y a las bolsas de mojo. La naturaleza está llena de ingredientes mágicos, pero algunos pueden causar daño. Nunca ingiera ni utilice ningún ingrediente sin comprobar que es seguro y que no causará problemas en su salud.

Su grimorio de hierbas debería estar lleno de nombres de hierbas, imágenes de su aspecto y sus propiedades mágicas. La lista de abajo es una lista bastante completa de la que puede elegir. Las hierbas son parte de su trabajo y pueden transformar el hechizo más mundano en algo más poderoso y lleno de energía. Aceites, esencias y otras plantas también se incluyen para darle una visión más amplia de los ingredientes que puede utilizar.

Acacia — Una hierba poderosa y protectora. Utilícela para ungir cofres y cajas donde se guardan herramientas sagradas. Unte las velas con acacia para mejorar los hechizos para obtener beneficios económicos y para el amor.

Lengua de víbora — Se utiliza en los hechizos para detener los rumores y chismes maliciosos. Funciona bien en la magia lunar y promueve los sueños.

Agar-Agar — Trae bendiciones al hogar y atrae la buena suerte. Se utiliza para hacer pociones de buena suerte que se pueden frotar en las manos antes de jugar a juegos de azar.

Aliso — Es una hierba fuerte que se utiliza en los rituales de magia meteorológica, en la toma de decisiones importantes y en los rituales para la prosperidad y el amor. El aliso se utiliza para proteger a las almas recién fallecidas cuando entran en el más allá.

Pimienta de Jamaica — Queme esta potente hierba para atraer el dinero y la prosperidad. Aporta energía y suerte a los hechizos y puede promover la curación en los baños de hierbas.

Almendra — Se puede utilizar como incienso para promover la suerte y la prosperidad. Los hechizos para superar las adicciones y los hábitos poco saludables utilizan la esencia de almendra para invocar las energías curativas de las deidades.

Aloe — Un ingrediente calmante que se coloca en las tumbas de los muertos para ayudarles a encontrar un pasaje suave a la otra vida. Cuando se utiliza en el hogar, protege a los habitantes de los accidentes y la mala suerte. Atrae nuevos amores cuando se quema en la noche de luna llena.

Ámbar — Es un fuerte ingrediente protector que aleja la energía psíquica y mantiene el hogar seguro. Se utiliza para la claridad mental y la concentración.

Angélica — Una de las raíces más poderosas disponibles, se utiliza para mantener a los practicantes seguros durante rituales importantes como exorcismos y destierros. Agréguela a sus hechizos para eliminar maldiciones y maleficios mientras promueve la energía positiva y la fuerza. Quémela en su caldero si quiere que regrese un amor perdido.

Arrurruz — Utilícela en hechizos que requieran polvo de cementerio.

Bálsamo — Se utiliza para aumentar la paciencia y ayudar en los hechizos de perseverancia.

Bambú — Un material increíblemente afortunado. Utilice el bambú para hacer que su deseo se haga realidad. Grabe sus intenciones en la corteza y entiérrela en su jardín. Lleve un trozo para promover la suerte todos los días.

Albahaca — Asociada a la Candelaria, esta potente hierba es una barrera protectora contra el mal. Colóquela en los alféizares de las ventanas y en la puerta de su casa para obtener seguridad y suerte. Cree una infusión de aceite para que le traiga suerte y prosperidad. La albahaca se puede utilizar en la mayoría de los hechizos, especialmente en los de amor, sabiduría y prosperidad.

Hoja de laurel — Coloque una hoja de laurel en su almohada para que sus sueños sean más vívidos y proféticos. Queme hojas de laurel para atraer el éxito y la riqueza y hacer que sus intenciones sean más fuertes.

Myrica — La corteza del árbol de myrica se debe quemar en su caldero para liberar el estrés y atraer la buena suerte. Espolvoree en sus velas para atraer el éxito financiero.

Belladonna — Advertencia, esta hierba es venenosa, pero puede utilizarse para proporcionar protección en el hogar y limpiar la mente y el corazón tras el fin de una relación.

Bergamota — Utilícela en los baños para favorecer el sueño y mejorar la memoria. Trae suerte y prosperidad y evita que otras personas se entrometan en sus asuntos.

Cohosh negro — Úselo en hechizos para la fertilidad y para curar la impotencia. Añádala a los baños de hierbas para la felicidad y el amor y manténgase a salvo de la energía negativa y el daño.

Bardana – Se utiliza en la magia de limpieza para eliminar los pensamientos y las energías negativas.

Alcanfor – Se utiliza para promover los sueños y la conciencia psíquica. Funciona como elemento de protección al mudarse a un nuevo hogar o al crear un nuevo espacio sagrado.

Alcaparra – ¡La lujuria y el amor!

Hierba gatera – Utilícela con cualquier hechizo dedicado a las deidades asociadas a los felinos.

Manzanilla – Se utiliza en hechizos para la calma y el descanso. Reduce el estrés y elimina la confusión mental. Espolvoréela en el hogar para eliminar maleficios y maldiciones.

Achicoria – Cura la frigidez y promueve la pasión y la positividad. Colóquela en su altar para ayudar a las perspectivas positivas.

Cilantro – Protege a los jardineros.

Culantro – Amor, salud y felicidad. Se utiliza en los hechizos de amor y en los rituales de pedida de mano.

Diente de león – Utilice la hoja y las raíces para invocar a los espíritus, comunicarse con ellos y aumentar sus habilidades psíquicas. Se utiliza para hacer realidad los deseos y atraer el amor y la pasión.

Eneldo – Dinero, amor y lujuria. Los hechizos con eneldo incluido pueden estimular el cuerpo y hacerlo más apasionado. Añádalo a un baño antes de ir a una cita para hacerse irresistible.

Equinácea – La equinácea seca atrae el dinero cuando se quema en su altar.

Eucalipto – Una hierba poderosa y limpiadora que también le ayuda a reconciliarse con las personas con las que ha tenido un conflicto. Refresca los hechizos y los hace más potentes.

Onagra – Añádala a los baños para aumentar la belleza interior y atraer nuevos amores.

Semillas de hinojo – Utilícelas para proteger su hogar del mal. Imparte fuerza, amor y pasión cuando se usa en hechizos y rituales.

Incienso – Utilícelo como ofrenda a los dioses y diosas para significar su devoción. Añádalo a los amuletos y bolsas de mojo para obtener éxito y riqueza.

Ajo — Un ingrediente fuerte utilizado en rituales y hechizos de protección y limpieza. Si se lleva encima, puede alejar el mal tiempo y mantener la fuerza de voluntad. Cuélguelo en el hogar para absorber enfermedades y dolencias.

Jengibre — Promueve nuevas experiencias y el éxito. Añádalo a los hechizos para nuevas carreras o relaciones. Transforme una raíz de jengibre en una forma humana para crear un poderoso amuleto mágico.

Ginseng — Llévelo consigo para mejorar su potencia sexual y sus relaciones. Utilícelo en hechizos para la suerte y la lujuria.

Espino — Tiene propiedades mágicas de castidad y celibato. Colóquelo en el dormitorio para mantener la zona pura e intacta, y utilice el espino para decorar el palo de mayo durante las ceremonias de pedida de mano.

Hibiscus — Quémelo en su caldero para atraer el amor y el romance. Colóquelo bajo la almohada para mejorar los sueños y la capacidad psíquica.

Lúpulo — Atrae los sueños y el descanso. Llévelo en su mochila para mejorar el sueño y calmar las situaciones de estrés.

Musgo irlandés — Atrae la suerte de los irlandeses con esta fabulosa hierba. Llévela consigo y espolvoréela por toda la casa para aumentar la prosperidad y la buena suerte. Una gran hierba para los jugadores.

Jazmín — Se utiliza en los hechizos para recibir mensajes proféticos de los espíritus. Es una hierba fuerte utilizada para cargar cristales y fortalecer los hechizos. Atrae la riqueza y el dinero.

Enebro — Protege al portador de accidentes y es una gran hierba curativa. Lleve las bayas para la potencia sexual y utilice una infusión de enebro para atraer la riqueza y el éxito.

Kava — Fuerte afrodisíaco para añadir a bebidas y pociones. Llévelo en forma seca para el éxito en las relaciones y la felicidad.

Lavanda — Uno de los ingredientes más poderosos de la magia. Cura el estrés y la depresión y ayuda a dormir. Mézclela con romero para crear baños de hierbas para la castidad y la pureza y colóquela debajo de su almohada para ayudar a dormir y traer paz y armonía. Añádala a los hechizos de amor para atraer a los hombres.

Limón – Todas las formas de este poderoso cítrico se utilizan en la magia. La cáscara se añade a las bolsitas de amor, y el zumo y la cáscara son poderosas adiciones a los hechizos de protección.

Hierba de limón – Perfecta para la limpieza psíquica.

Regaliz – Ingrediente picante utilizado para atraer nuevos amores y lujuria.

Lobelia – Se utiliza para controlar las tormentas y mejorar el tiempo.

Apio de monte – Se utiliza para asegurar el éxito en las disputas legales. Inspira el amor y aumenta el atractivo cuando se lleva en bolsitas y se utiliza en baños de hierbas.

Pulmonaria – Llévela cuando vuele para evitar choques y tener un vuelo seguro y bendecido.

Mandrágora – Poderosa hierba utilizada por los exorcistas para protegerse durante los rituales. Ayuda a la prosperidad y la fertilidad cuando se utiliza en los hechizos.

Caléndula – Añádala a los baños durante cinco días para atraer al "señor perfecto". Esparza bajo su cama para devolver la pasión a sus relaciones actuales que se han vuelto rancias.

Flores de mayo – Agréguelas a su magia si quiere atraer el caos y la aventura.

Cardo mariano – Promueva la sabiduría y utilícelo para ayudar a la toma de decisiones.

Menta – La menta seca es una poderosa hierba curativa utilizada para proteger y limpiar el hogar. Coloque hojas secas en su cartera para atraer la riqueza y la prosperidad.

Artemisa – Lleve esta hierba para atraer un nuevo amor y elevar los niveles de pasión en su relación actual. Se puede utilizar en infusiones para limpiar sus herramientas y espacios sagrados.

Ortigas – Disipa el miedo y los pensamientos oscuros y aumenta la confianza en uno mismo. Se puede utilizar en hechizos para repeler energías negativas y disipar chismes y envidias en los demás.

Nuez moscada – Utilice velas verdes para crear prosperidad y riqueza. Atrae la buena suerte y el éxito en los negocios.

Cebolla – Corte las cebollas en cuartos y colóquelas en las cuatro esquinas de su habitación para que esté segura y protegida del mal. Queme las flores para desterrar los malos hábitos y romper las adicciones.

Naranja — Utilice la cáscara, las flores y los capullos en su trabajo de magia para traer armonía y paz a su hogar y a su vida. Atraiga la riqueza y la suerte añadiendo naranja a sus baños de hierbas.

Orégano — Aporta alegría y risas a su vida.

Raíz de lirio — Se utiliza principalmente en los hechizos hoodoo para atraer el amor y el romance. Utilice la raíz de lirio para atraer el amor y el sexo opuesto.

Pensamiento — Se utiliza en los hechizos de magia de lluvia para acabar con el tiempo seco y dar vida a las cosas secas.

Páprika — Arroje esta hierba en el jardín de sus enemigos para atraer travesuras y engaños a sus vidas.

Perejil — Aporta una sensación de calma y armonía a las situaciones problemáticas. Utilícelo en hechizos para resolver disputas y aportar soluciones. Añádalo a su baño para aumentar la vitalidad y promover la curación después de una enfermedad o cirugía importante.

Pachulí — Quémelo para atraer el crecimiento de sus finanzas y negocios. Llévelo en una bolsita para hacerse más atractivo al sexo opuesto y atraer el dinero y el amor.

Pimienta — Se usa la pimienta negra para proteger el hogar y desterrar la negatividad.

Menta piperita — Colóquela bajo la almohada para favorecer los sueños proféticos y la calma. Utilícela como agente de limpieza en un hogar que ha estado sometido a enfermedades y emociones negativas. Utilícela en hechizos para crear un cambio y fomentar la claridad.

Caqui — Ayuda a la transformación de situaciones sexuales.

Phytolacca americana — Ayuda a encontrar objetos perdidos y a hacer un baño de hierbas para romper maldiciones y hechizos.

Semillas de amapola — Utilícelas en la magia de la cocina para atraer el amor y la suerte.

Prímulas — Agréguelas a un baño para ayudar a que los niños rebeldes se comporten mejor. Ayuda a promover la honestidad y la revelación de secretos.

Semillas de membrillo — Lleve las semillas en su bolso para protegerse de daños y ataques.

Hierba de Santiago — Se utiliza en los hechizos para promover el coraje y la valentía. Se asocia con las criaturas mágicas y se utiliza para alejar las influencias malignas.

Trébol rojo — Protege a los animales domésticos y se utiliza para bendecir el hogar. Se utiliza en hechizos para promover la fidelidad y el amor eterno. También ayuda en los hechizos elaborados para resolver problemas financieros.

Escaramujo — Se utiliza para pedir la ayuda de las hadas. Añade poder al popurrí, al incienso y a los baños. Ayuda al amor y a la pasión y puede usarse para reducir la intensidad de las heridas como los moratones y las cicatrices.

Romero — Se utiliza para promover la buena salud y el amor. Sumérjase en baños de hierbas para lavar las energías negativas y aumentar la confianza en sí mismo. Puede aumentar la capacidad de memoria y ayuda a tomar decisiones fuertes. Colóquelo debajo de la almohada para tener sueños fuertes y positivos.

Ruda — Una poderosa hierba utilizada para reforzar las cualidades de protección de la sal en los círculos mágicos. Cuelgue racimos secos de ruda para proteger el hogar y promover una mejor toma de decisiones. Añádala a los baños para romper las maldiciones y los maleficios.

Azafrán — Se utiliza en hechizos para controlar el clima y promover la salud y la conciencia sexual. Lávese las manos con una solución de azafrán para obtener felicidad y riqueza.

Salvia — Se utiliza en los hechizos para ayudar a la pena y la pérdida tras la muerte de un ser querido y se beneficia de la adición de salvia. La salvia seca es un elemento fuerte y saludable y debe colocarse junto a la cama de las personas que sufren y están enfermas. Escriba sus deseos en hojas de salvia y póngalas bajo su almohada durante tres noches para que se hagan realidad.

Sándalo — Queme la hierba en su caldero para visualizar sus sueños y deseos. Es bueno para la meditación y para invocar a los espíritus.

Sal marina — Poderoso ingrediente para la limpieza y la curación. Combínela con ajo y romero para crear una barrera protectora contra el mal. Utilícela en baños y pociones para hacerlas más potentes.

Menta verde — Ayuda a las personas que sufren problemas respiratorios. Queme menta verde para curar y proteger. Escriba sus deseos en un trozo de papel y luego envuélvalo con hojas de menta verde en tela roja, átelas con hilo rojo y colóquelas debajo de su cama. Cuando el olor de la menta se haya ido, sus deseos se habrán hecho realidad.

Hierba de San Juan — Destierra los resfriados y las fiebres. Protege contra toda la magia negativa y los hechizos malignos. Llévela para obtener fuerza para enfrentar situaciones incómodas y conflictos. Utilícela para limpiar sus herramientas y cristales.

Guisante de olor — Atrae la amistad y la camaradería.

Estragón — Aporta fuerza a las situaciones de abuso. Utilícelo para consagrar sus espacios y herramientas sagradas y para atraer la compasión a su trabajo.

Árbol del té — Limpia y purifica su área y elimina la confusión y los conflictos.

Tomillo — Promueve la riqueza y la suerte. Utilícelo en baños y pociones para atraer el dinero y la buena salud. Añádalo a su almohada para ayudar a conciliar el sueño y promover las noches de descanso alejando las pesadillas.

Haba tonka — Se utiliza para promover el éxito, especialmente para las entrevistas de trabajo y las negociaciones comerciales.

Valeriana — Se utiliza para la magia de los sueños y el amor armonioso. Calma las emociones y purifica los espacios sagrados. Utilice la raíz para ayudar a poner fin a los problemas sentimentales y crear una sensación de reinicio y perdón.

Vetiver — Atrae el dinero y el éxito.

Vinagre — Destierra el mal y protege sus espacios sagrados.

Salvia apiana — Ideal para la limpieza y el emborronamiento.

Gaulteria — Añádala a los baños de los niños para bendecirlos y traerles buena suerte.

Hamamelis — Añádala a los hechizos para promover la castidad y la protección. Alivia el dolor y la pérdida y calma las emociones.

Ylang-Ylang — Atrae a las hadas y alivia la ansiedad y la depresión. Aumenta el atractivo ante el sexo opuesto.

A continuación, le ofrecemos algunos consejos sobre infusiones sencillas de hierbas para comenzar su trabajo mágico:

Infusión de amor

- Frasco de cristal con tapa hermética.
- Tela de muselina.
- Aceite base (girasol, oliva, almendras, etc.).
- Romero seco, ruda, pétalos de rosa y menta.

Instrucciones

1. Llene el frasco hasta la mitad con su aceite preferido.
2. Añada las hierbas secas.
3. Ponga la tapa hermética.
4. Agite y asegúrese de que todas las hierbas están sumergidas.
5. Coloque el frasco en un lugar fresco durante dos-tres semanas.
6. Una vez que el tarro esté listo, coloque la muselina en la parte superior abierta del tarro y asegúrela con una banda elástica.
7. Cuele la mezcla en otro recipiente.
8. Saque las hierbas secas y exprima el aceite restante en el segundo frasco.
9. Embotelle y ponga fecha al aceite infusionado.

Utilice el mismo método para crear otras infusiones para la salud, la sabiduría, la amistad, la pasión y la protección. Asegúrese de etiquetar sus frascos y fecharlos.

Cómo elegir el aceite portador que necesita

Combine el aceite con las hierbas para que se complementen. Utilice hierbas florales con aceite de almendras dulces o hierbas culinarias fuertes, como la albahaca y el tomillo, con aceite de oliva y girasol. Utilice aceite de jojoba para las infusiones más duraderas.

La mayoría de los aceites duran unos cuantos meses, y si se les añade algo de vitamina E se conservan mejor. Haga sus infusiones cuando la luna esté creciente para que sean más efectivas, y recuerde concentrarse en su intención cuando las haga.

Sus aceites pueden utilizarse para ungir su altar y sus herramientas o para limpiar su hogar y sus espacios sagrados. Pueden aportar poder a sus bolsas de mojo y velas.

Capítulo 6: Creación de una guía de referencia: Cristales

Todo en el universo tiene una vibración energética, y como los cristales y las piedras preciosas han tardado millones de años en evolucionar, su flujo de energía es especialmente intenso. Cada cristal emitirá efectos diferentes cuando se alinee con las frecuencias humanas. Su grimorio debe ser una fuente de información sobre cómo cargar, utilizar y cuidar los cristales, junto con las modalidades y cualidades que tiene cada cristal.

Hay cuatro tipos de cristales: en bruto y sin procesar, geodas, láminas y piedras talladas. Las piedras en bruto y crudas son más fáciles de trabajar porque conservan su energía y su forma natural. Algunas brujas utilizarán los cristales en rodajas para dirigir la energía o las geodas como decoración, pero los cristales son mejores para los principiantes y las brujas novatas.

Los cristales más lisos son perfectos como piezas de joyería y pueden llevarse alrededor del cuello como amuletos y talismanes. También se pueden utilizar para decorar su altar y espacios sagrados. Cuando escoja sus cristales, recuerde el objetivo y deje que las piedras le hablen y formen una conexión con usted. Algunos cristales le hablarán sin ninguna razón obvia, lo cual forma parte del oficio.

Cristales, piedras y gemas

El ágata es un cristal de color dorado con bandas de luz blanca y brillante que lo atraviesan. Se asocia con el elemento tierra y ayuda a las personas a sentirse conectadas y enraizadas. Ayuda a controlar el estrés y puede utilizarse para tratar los ataques de pánico y la depresión. El ágata de musgo es un ágata de color verde especialmente útil para ayudar a las personas a dejar las adicciones y superar cualquier síntoma que sientan durante el proceso.

La amatista es un cristal púrpura vibrante que favorece la relajación y calma la mente. Se utiliza en rituales para invocar a seres espirituales y proteger al usuario durante el proceso. Se utiliza para aumentar la prosperidad y atraer el éxito en los asuntos relacionados con el trabajo.

La aventurina es una piedra verde y exuberante que aporta coraje y valentía. Ayuda a las personas a resolver su falta de aventura y a ser más positivas ante los cambios. A menudo se la conoce como la piedra del jugador porque trae suerte y riqueza. Elíjala para que le dé la fuerza necesaria para tomar decisiones difíciles sobre su futuro.

La azurita es una piedra azul brillante que aporta el poder de la intuición y la sabiduría. Se asocia con la confianza y la comunicación y aumenta la creatividad y las habilidades. Utilícela cuando necesite ayuda para estudiar o aprobar exámenes.

El bismuto es una piedra purificadora y multicolor. Ayuda en los hechizos y rituales de curación y se utiliza para limpiar otros cristales y piedras. Se puede encontrar en la naturaleza, pero las piezas más espectaculares se cultivan en laboratorios.

La turmalina negra es una piedra poderosa, de color negro, con astillas de color blanco y plata que la atraviesan. Su forma natural es la de una daga, y es una de las formas más potentes de protección contra los seres que agotan la energía, como los vampiros psíquicos, las personas dominantes y las personas tóxicas. Lleve el cristal en su cuerpo para repeler las malas intenciones y la energía negativa. Coloque la turmalina cerca de sus aparatos eléctricos para mantenerse a salvo de los campos magnéticos dañinos que producen.

La piedra de sangre es un cristal transformador y buscador que ayuda a la desintoxicación y a los problemas relacionados con la sangre. Otorga el don de la profecía y puede controlar el clima.

El ópalo de roca se utiliza para curar y fortalecer la voluntad de vivir. Crea positividad y relajación y puede utilizarse para curar el dolor después del parto.

El cuarzo vela es un buscador de la esperanza y aportará positividad y amor a su hogar. Utilícelo cuando medite para animarse a mirar en lo más profundo de su alma para encontrar el rincón más oscuro de su psique y empezar a darle luz.

La celestita es un cristal azul claro con fuertes vibraciones que producen una energía calmada. Se utiliza para traer paz y resolución a las relaciones problemáticas y reconciliar a antiguos amigos. Utilícela por la noche para reducir el parloteo en su cabeza y promover el descanso y los sueños saludables.

La crisocola es un cristal de color verde mar con motas de color negro. Ayuda a las personas a ser más maduras y a dejar atrás las costumbres infantiles. Es la piedra de los nuevos comienzos y del renacimiento. Utilícela para ayudar a las personas a recuperarse de un trauma y a las que necesitan empezar de nuevo.

El citrino es un cristal amarillo dorado que representa el sol y promueve la felicidad y la alegría. Utilícelo en hechizos para aumentar la motivación y alcanzar objetivos personales. El citrino también aumenta la prosperidad y atrae la riqueza.

El cuarzo claro es una parte esencial de su kit de curación. Es transparente y representa la claridad y la positividad que su aspecto sugiere. Utilícelo para limpiar las auras y manifestar sus intenciones. Amplifica la energía de la habitación y se utiliza para hacer hechizos más potentes y exitosos.

La fluorita es una piedra multicolor que cambia con la atmósfera. Absorbe la energía negativa y se utiliza para ayudar a las personas sensibles que luchan contra la ansiedad y el estrés emocional. Ayuda a promover el sueño y aumenta la fuerza de otras piedras en la brujería.

El granate es una gema de color rojo intenso que ayuda a los usuarios a tener más equilibrio y a vivir la vida con más vigor. Su tonalidad roja intensa ejerce una influencia calmante y alivia el estrés. Potencia los sentidos y profundiza el amor entre la pareja y sus familiares.

La hematita es una piedra de color gris oscuro salpicado de plata y blanco con un brillo pulido incluso en su estado natural. Su alto contenido en hierro ayuda a regular la circulación y a aliviar las enfermedades relacionadas con la sangre cuando se lleva sobre el cuerpo. Utilícela para reducir el estrés y resolver situaciones tóxicas.

La piedra perforada es la sorprendente piedra que se encuentra en la playa y en las orillas de los ríos. Su forma está condicionada por el clima y el entorno en el que se encuentran. Si encuentra una con un agujero natural en el centro, añádala a su colección. Utilice las rocas con agujeros para proteger su casa de cualquier daño.

La iolita es una piedra de color oscuro que se utiliza para reforzar los hechizos de prosperidad y riqueza. Ayuda a las personas a resolver problemas financieros y a mejorar su capacidad de gestión del dinero.

El jade es una piedra brillante de color verde que se utiliza para el amor y la pasión. Ofrece protección y suerte para el portador y el hogar. También aumenta la confianza en uno mismo y abre la mente a nuevas oportunidades. Utilícela para atraer la buena suerte y frenar la autoestima negativa.

El lapislázuli es del mismo color que un hermoso cielo nocturno de color azul intenso. Es una de las piedras más influyentes de la naturaleza. Aporta sabiduría, belleza y la verdad cuando es invocada.

La piedra lunar es una piedra femenina asociada a la magia lunar y a los secretos ocultos. Es blanca con toques de azul y verde y puede ayudar a curar problemas menstruales y hormonales. Utilice la piedra lunar para ponerse en contacto con sus sentimientos más íntimos y calmar su psique.

La obsidiana es un cristal volcánico natural y tiene poderosas cualidades para aportar equilibrio y armonía a una situación. Su superficie negra y brillante es perfecta para crear una fuerte sensación de negocio en sus hechizos.

La pirita es una piedra dorada impresionante y hermosa. Tiene bordes dentados y brilla con los colores del oro y la plata. La pirita se utiliza para atraer la riqueza y la abundancia. Utilícela para fomentar la confianza en sí mismo y poner en marcha nuevos proyectos.

El jaspe rojo es una piedra de color rojo intenso con toques de blanco y negro. Es una fuente de energía positiva que puede elevar las vibraciones y los niveles de energía. También se asocia con la pasión y el amor y es un fuerte afrodisíaco cuando se utiliza con pociones de amor. Utilícelo para reducir el estrés y conectarse a tierra.

El cuarzo rosa es un cristal rosa con una superficie muy brillante. Su belleza se asocia con el amor, el romance y las relaciones saludables. Utilícelo para resolver cualquier sentimiento de resentimiento y dolor tras las discusiones entre parejas. Los hechizos y rituales con cuarzo rosa le ayudarán a encontrar su alma gemela y el amor verdadero.

La rodocrosita es una piedra robusta, de color rosa y blanco, con marcas oscuras que suelen ser negras o marrones. Ayuda a las personas a recuperarse tras las malas rupturas y a aprender a confiar de nuevo. Potencia el amor propio y anima al usuario a formar mejores hábitos e ideales de relación.

La selenita es una piedra blanca y opaca que aporta paz y calma a los rituales y hechizos. Ayuda a las personas a recuperar la calma emocional y a disipar la negatividad. Limpia y purifica su trabajo y fomenta la confianza en sí mismo. Utilícela para comprender mejor sus problemas personales y señalar las áreas que necesitan mejorar.

La sodalita es una piedra de aspecto hermoso, de color tierra, con ríos de luz que recorren su superficie. Aporta armonía y paz a su trabajo y le da energía para mejorar su creatividad y sus relaciones.

La piedra solar es una gloriosa mezcla de tonos rosas, rojos y amarillos y es útil para tratar todos los asuntos del corazón. Utilícela para promover el amor, la pasión y un mejor sexo para aquellos que lo necesitan.

El ojo de tigre es una fabulosa piedra marrón con bandas doradas que se asemejan a un ojo felino. Le mantiene a salvo del daño y de la energía negativa conocida por algunos como "el mal de ojo". También le protege de maleficios y maldiciones y es la piedra perfecta para potenciar su fuerza y valor.

La turquesa se asemeja al mar y es de un color azul verdoso intenso con motas de plata causadas por el contenido de óxido de hierro. Se la conoce como el puente entre el cielo y la tierra y es muy apreciada como piedra curativa. Se utiliza para crear canales de comunicación y fomentar la honestidad y la tranquilidad.

Hay muchas más piedras y gemas disponibles para su uso. Sería imposible enumerarlas todas y sus propiedades, pero una tabla de asociación general puede ayudarle a elegir con qué quiere trabajar. Los colores y la asociación con su energía y vibraciones, combinados con los elementos de su signo astrológico, deberían ayudarle a elegir las piedras perfectas para su altar y su trabajo.

Los significados de los colores de las piedras y los cristales

- **Blanco:** Protección, conexiones espirituales, pureza e instrucciones claras.

- **Negro:** Fuerte protección contra el mal y la negatividad, destierro, barreras.

- **Marrón:** Conexión con los elementos y conexión a tierra, prosperidad y éxito.

- **Púrpura:** Crecimiento y éxito en asuntos personales y espirituales.

- **Índigo:** Conexión con sus vidas anteriores y obtención de sabiduría a partir de sus experiencias, equilibrio, karma, finalización de relaciones, detención de conflictos.

- **Azul:** Sanación, aportar claridad, viajes por mar, proteger el hogar.

- **Rosa:** Amor, pasión, nuevas relaciones, amistad, felicidad, afecto.

- **Verde:** Prosperidad, curación, crecimiento, relaciones, fertilidad, nuevos comienzos, riqueza, éxito en el trabajo.

- **Amarillo:** Felicidad, mayor claridad mental, aprendizaje, amor y felicidad.

- **Naranja:** Recuperación de traumas, curación, control de situaciones, control de las emociones.

- **Rojo:** Coraje, valentía, resistencia, pasión, fuego, amor, relaciones, fuerza.

Cómo cargar sus cristales y piedras

Cuando utilice sus cristales y piedras, sus energías naturales se agotarán. Cargarlos los mantendrá llenos de positividad natural y evitará que las energías negativas y dañinas los invadan. El cuidado de sus herramientas sagradas es esencial para mantenerlas en buen estado y asegurar su correcto funcionamiento. Cuando se retiran de la tierra, pierden su fuente natural de energía, y pasan a ser su responsabilidad.

1. Haga hechizos para cargar sus cristales y llenarlos de intenciones que los hagan más poderosos. Escriba su hechizo y dígalo mientras sostiene las piedras y los cristales. *"Realizo un hechizo para llenar estas piedras de amor y luz y hacerlas obrar para potenciar mi poder"*.

2. Utilice la luz natural colocando sus piedras y cristales a la luz directa del sol para llenarlos de energía solar. Alternativamente, póngalos a la luz curativa de la luna llena. Vuelva a colocarlos siempre antes de que el sol se ponga o la luna desaparezca para sellar su intención y hacer que las piedras sean más poderosas.

3. Utilice el fuego y el calor para cargar sus herramientas. El fuego es conocido como un elemento destructivo y tiene poderosas cualidades de limpieza. Use su fuerza para limpiar y fortalecer sus cristales pasándolos por la llama abierta de una vela o el humo de un fuego directo. Las llamas y el humo se suman a la energía espiritual y dan a sus piedras y cristales una energía más profunda cuando las utiliza en rituales y hechizos para conectar con los espíritus.

4. Lávelas en agua de luna y una mezcla de otros líquidos. Tome su agua bendita y añada tres gotas de detergente suave, cinco gotas de aceite de bebé y siete gotas de su aceite esencial favorito. Ponga la mezcla en una pequeña botella pulverizadora y déjela reposar. Utilícela para rociar sus piedras y cristales mientras declara sus intenciones, o alternativamente, puede poner sus cristales en la botella para remojarlos.

5. Entiérrelas en la tierra. La tierra está llena de energía natural y es una fuente constante de carga para sus piedras. Entiérralas en el suelo y rodéalas con tierra y plantas siempre que sea posible. Recuerde marcar el sitio para poder encontrarlas una vez que se hayan cargado y repongan su energía.

6. Medite y transfiera su energía a las piedras. Esta es una forma muy personal de cargar y solo debe utilizarla si tiene fuertes intenciones y energía espiritual. Siéntese en un

lugar tranquilo y utilice oraciones, meditación enfocada y visualización para transferir su energía a sus cristales. Imagine la transferencia de su poder a sus piedras y vea cómo se produce la canalización. Tómese su tiempo y sea paciente con su tarea. Imagine una luz blanca y brillante cruzando el espacio entre ambos y sienta el calor de la energía.

7. Cárguelas con el sonido. Recuerde lo alegre y elevado que se siente cuando escucha una pieza musical inspiradora o un sonido familiar. La misma energía emocional se produce cuando somete sus piedras a una estimulación auditiva. Utilice un cuenco tibetano o campanas para crear una poderosa fuente de energía. Si no tiene un cuenco tibetano, simplemente utilice su voz para cargar sus cristales. Pruebe a cantarles o tararearles para aumentar su fuerza vibratoria. Recuerde, sus cristales son una extensión de usted mismo, y si se siente energizado escuchando música rock, la misma energía puede ser experimentada por sus cristales. Ponga música fuerte para darles un impulso.

8. Pida al universo. Utilice un trozo de tela dorada y extienda sus cristales por encima. Pida a los poderes superiores que infundan las piedras con sus fuerzas positivas y poderosas.

No importa el método que utilice para cargar sus piedras o cristales, ellos se beneficiarán más de su amor y positividad. Recuerde agradecerles sus poderes y la fuerza que aportan a su trabajo, al igual que agradece a las deidades y espíritus que trabajan con usted.

Capítulo 7: Lanzamiento y elaboración de sus primeros hechizos

Ahora es el momento de empezar a registrar sus trabajos mágicos en su grimorio. Ya ha desarrollado sus ingredientes y herramientas, y tiene una visión general de los poderes que puede utilizar. Es el momento de poner esta información en práctica y comenzar a lanzar y elaborar hechizos.

La diferencia entre el lanzamiento y la elaboración es simple. El lanzamiento utiliza hechizos tradicionales para que las brujas se vuelvan competentes en la brujería y se acostumbren a los elementos y herramientas que necesitan. La elaboración es una práctica más personalizada en la que se anima a las brujas a ser más aventureras y a crear sus propios hechizos dependiendo de lo que necesiten conseguir.

Explicación de los hechizos

¿Qué son los hechizos? Son procedimientos sencillos que existen para guiar el trabajo del practicante. Cuando uno prueba nuevos platos en la cocina, suele probar una receta que le ayude a hacer el plato perfecto. El mismo concepto se puede aplicar a los hechizos y a los lanzamientos, porque hay que aprender ciertos principios, pero la receta se puede adaptar a su estilo. El uso de hechizos le ayuda a prepararse para su intención y utilizar herramientas y materiales para crear la energía necesaria y despejar el camino hacia el resultado final.

Cómo hacer hechizos

Paso 1: Preparación

Defina su intención es una parte importante de su trabajo previo a los hechizos y la fuerza impulsora detrás de por qué usted está lanzando un hechizo.

Elija la intención que define claramente el resultado que desea lograr:

- **Elija el tema de su hechizo.** Cuando realice un hechizo, debe utilizarlo para usted mismo o para alguien con su permiso. Nunca realice hechizos para otras personas que no estén al tanto de su trabajo.

- **Especifique lo que quiere.** No sea vago y busque un hechizo que lo abarque todo, "que mejore la vida". Cree una intención sólida y específica y apéguese a ella.

- **Utilice un lenguaje positivo.** En lugar de lanzar un hechizo para evitar sentirse solo, cambie la intención a una positiva, como los hechizos para encontrar nuevas amistades o atraer un nuevo amor.

- **Encuentre un hechizo que se adapte a su estilo.** Si prefiere la magia con velas, utilice hechizos basados en velas. Si le gusta crear pociones, elija un hechizo de pociones.

- **Determine el tiempo y el lugar.** El momento de su hechizo puede ser una de las partes más importantes del proceso. Elija la hora y el lugar y haga una nota para mantener ese tiempo libre.

- **Prepárese y prepare su espacio.** En el día o la noche del lanzamiento del hechizo, asegúrese de haber limpiado su espacio de antemano. Límpielo y cárguelo de positividad. Prepárese en ayunas o con comidas ligeras y tome un baño o ducha purificadora antes de vestirse para el hechizo.

Mientras realizan el hechizo, algunas brujas descubren que entran en un estado mental diferente. Asegúrese de estar preparada para este "estado mental alfa" que puede hacer que se sienta como si estuviera corriendo en piloto automático. Estará tan absorto en el proceso que el tiempo parecerá detenerse. No sentirá el calor ni el frío porque su mente estará tan metida en su trabajo que sentirá que vive en un plano aparte. Esto crea un vínculo metafísico y psicológico con su intención que potencia los materiales con los que trabaja y crea la magia.

Tiempo, deidades y herramientas

En general, hay algunas reglas simples a las que adherirse cuando se lanzan ciertos hechizos. Si está atrayendo o llamando la atención de los demás, lo cual es un proceso positivo y beneficioso, realice sus hechizos durante el período creciente del ciclo lunar. La luna llena es el momento perfecto para lanzar hechizos de atracción, pero no siempre es posible. Si su hechizo es un hechizo de destierro o de repulsión, láncelo en el ciclo creciente de la luna para crear un poder más oscuro. Por supuesto, algunas brujas trabajan con signos astrológicos y otras épocas elementales del año, lo que puede afectar a su calendario. Como en toda la brujería, el momento es una elección personal, y usted sabrá cuándo y dónde hacerlo.

Por último, tiene que elegir las deidades o espíritus con los que está trabajando. Utilice imágenes y símbolos relacionados con sus seres sagrados favoritos e involúcrelos en su trabajo. Utilice estatuas de yeso o imágenes impresas combinadas con representaciones elementales para involucrarlos a ellos y a su energía en su hechizo.

Dependiendo del hechizo que esté lanzando, elija las herramientas y objetos correspondientes que le hablen. Si asocia el azul con la limpieza, elija velas o ropa azul. Si asocia el azul con la depresión, elija otro color. Lo principal es recordar que debe utilizar imágenes, aromas, sabores y herramientas que se ajusten a su intención.

Hechizos simples para principiantes

Hechizo para atraer a su alma gemela

Cuando sepa que es el momento de sentar cabeza y formar parte de una pareja, puede utilizar la magia para asegurarse de que tiene la mejor oportunidad de conocer a alguien que es adecuado para usted y que le hará feliz. El uso de la magia concentra su energía y la dirige al universo para atraer a su alma gemela.

Los hechizos de amor realmente funcionan, y la energía que crea le llenará de amor y felicidad incluso antes de que llegue la persona que busca.

- Elija un día especial en el que la luna esté en fase creciente y márquelo en su agenda para realizar el hechizo.

- Tome un baño lleno de rosas la noche anterior y añada sus aceites esenciales y esencias favoritas.

- Medite por la mañana y despeje su mente. Mientras medita, declare sus intenciones al universo y coloque cualquier imagen o representación de las deidades que haya elegido en su espacio de meditación.

- Cierre los ojos y repita sus intenciones. Por ejemplo: "*Busco un amor tan puro que llene mi corazón de alegría. Busco una pareja que me ame con una pasión y una energía que me haga volar*", mientras enciende una vela roja ungida con aceite de rosas.

- Cante una oración que le hable y esté llena del mismo amor que busca. Pruebe: "*Oh, diosa del amor (inserte el nombre de la deidad que haya elegido). Le pido su ayuda para que mi vida sea completa y que me dé el amor que necesito para estar completo. Juntos le rendiremos culto y nos convertiremos en una poderosa fuerza del bien en el mundo".*

- Visualice cómo será el encuentro con su alma gemela y cómo se producirá el encuentro. ¿Qué dirá? ¿Qué sentirá?

- Termine el hechizo agradeciendo las herramientas que ha utilizado y los seres que le han ayudado; repita la oración cada noche antes de ir a dormir hasta que conozca a su pareja ideal.

Hechizo sencillo para atraer la riqueza y la buena suerte financiera

Necesitará velas blancas y verdes, ropa blanca y un recipiente con tierra.

- Elija el día para lanzar su hechizo y levántese temprano.

- Medite para despejar su mente y comience su hechizo a las 7 de la mañana.

- Póngase ropa blanca y coja una vela blanca y otra verde.

- Enciéndalas mientras declara su intención: *"Oh, poderosos espíritus, les pido que hagan mi vida más fructífera y llena de riqueza. Prometo utilizar las bondades que envíen para el bien y nunca olvidaré a los que se lo merecen más que yo".*

- Cante la siguiente frase: *"Lléname de la riqueza que merezco"* hasta que las velas se hayan consumido por completo.

- Tome la cera y entiérrela en el suelo o en la tierra de su cuenco.

- Agradezca a los espíritus y termine el hechizo.

- Repita durante cinco mañanas y luego espere que los beneficios comiencen a llegar.

Hechizo de deseo instantáneo

Este es un poderoso hechizo para hacer que las cosas sucedan y debe ser utilizado cuando usted tiene un fuerte deseo de un resultado o un deseo que se haga realidad.

Usted necesitará cinco velas de diferentes colores. Oro, blanco, púrpura, plata y amarillo funcionan bien juntas. También necesitará un paño de color para trabajar y cristales de la suerte como el ojo de tigre o el cuarzo.

- Elija una noche en la que la luna esté llena o sea especialmente brillante.

- Escoja un espacio exterior para su trabajo y extienda una tela dorada en el suelo.

- Tome sus velas y colóquelas en un semicírculo.

- Ponga sus cristales en el centro del semicírculo y arrodíllese ante ellos.

- Encienda cuatro de las velas, pero guarde una para lanzar el elemento final del hechizo.

- Afirme sus intenciones: *"Oh gloriosa luna, le ruego con todas mis fuerzas. Invoque con el poder de su luz y mantenga mis objetivos a la vista. Conceda mi deseo y manténgame a salvo"*.

- A continuación, encienda la última vela y deje que se consuma antes de irse a la cama.

- Cuando se despierte después de una buena noche de descanso, agradezca a la luna y a las estrellas su ayuda y visualice lo feliz que se sentirá cuando se le conceda su deseo.

- Ahora, termine el hechizo y medite antes de comenzar su día.

Hechizo para sanar el dolor y curar la enfermedad

Mientras se cura después de un accidente o una enfermedad, el dolor puede ser insoportable. Por supuesto, la magia no debe reemplazar los métodos tradicionales de curación, pero se puede utilizar para mejorarlos y tratar su dolor espiritualmente.

Necesitará cristales curativos, como la amatista o la fluorita, velas blancas y plateadas, y una tela azul para su altar.

- Medite para aclarar su mente y coloque en su altar o espacio de trabajo alternativo un paño.

- Encienda las velas y sostenga los cristales en sus manos derecha e izquierda.

- Mueva las manos hacia las zonas de su cuerpo que le duelen.

- Visualice una luz blanca que llena su cuerpo de energía y expulsa el dolor.

- Cante lo siguiente: *"Luz brillante de los poderosos cielos, por favor cura la herida y detén el dolor. Use su poder para traerme la paz"*.

- Ahora, mueva los cristales hacia su cabeza, visualizando que el dolor sale de su cuerpo y es absorbido por el aire que le rodea.

- Agradezca a los espíritus y termine el hechizo diciendo: *"Que así sea"*.

Hay miles de hechizos disponibles en grimorios, libros de hechizos y fuentes online de confianza. No tenga miedo de probar una variedad. Si se mantiene puro y positivo en sus intenciones y utiliza sus ritos y herramientas de limpieza y protección preferidos, está exento de todo daño.

Recuerde la red wiccana y el poder triple cuando lance hechizos. Los brujos novatos e incluso los practicantes experimentados pueden verse tentados a utilizar su poder para vengarse y causar daño a otros. Es importante recordar que un gran poder conlleva responsabilidades, y es su responsabilidad mantener su trabajo dedicado a la positividad y el bien. Si alguien le causa daño o hace algo a sus seres queridos que les cause dolor, recuerde que el universo tiene sus propias reglas. El karma se lo devolverá de una forma u otra, así que no es su trabajo lanzar maleficios o maldiciones, ya que esto solo se le devolverá a usted de forma múltiple.

Hay hechizos diseñados para detener actividades maliciosas como los chismes y la difusión de mentiras, pero nunca deben dirigirse a los individuos. Pedir al universo que detenga las formas de comunicación no saludables es aceptable, pero castigar a la gente por su comportamiento no lo es.

Cómo elaborar sus propios hechizos

Una vez que se haya vuelto competente en el lanzamiento de hechizos y obtenga los resultados que busca, el siguiente paso es involucrarse más con el proceso. En lugar de confiar en los métodos de otras personas, usted debe comenzar a involucrarse con el arte rudimentario de la elaboración de un hechizo para satisfacer sus necesidades.

Cuando usted elabora su propio hechizo, es una experiencia gratificante y más satisfactoria cuando funciona. Ha creado algo sorprendente y ha encontrado su manera individual de crear magia. Encontrará su estilo cuando empiece a crear hechizos. Sin embargo, hay algunos aspectos anatómicos a considerar.

Primero, necesita decidir si su hechizo es espiritual o científico. ¿Está utilizando las fuerzas divinas para impulsar su hechizo, o se está centrando en la mente subconsciente? El elemento espiritual implica invocar deidades y seres sagrados, mientras que el enfoque científico se basa puramente en la activación de la parte de la mente centrada en los objetivos y los sueños.

Es importante anotar todos los detalles del hechizo que desea realizar cuando empiece a elaborarlo. Tome nota de las herramientas que utilizará; hierbas, infusiones, velas y una varita deben estar incluidas. Ahora asegúrese de que su intención es clara. Si desea atraer el amor, anote el tipo de amor. ¿Quiere una experiencia apasionada pero breve o un alma gemela? ¿Busca un amor platónico y una amistad? Cuanto más fuertes sean sus intenciones, mejor será el resultado.

Una vez que tenga su intención, decida qué herramientas necesita. ¿Su trabajo de magia se basa más en hechizos con velas, o le gusta usar incienso y cristales? No hay reglas rígidas, pero debería trabajar con los ingredientes que le hablan a usted. Crear hechizos es una experiencia muy personal, y usted puede elegir cada paso.

Recuerde tomar notas en su grimorio a lo largo del proceso para tener toda la información a mano en caso de que le interrumpan.

Escriba los conjuros que tome de un texto tradicional en trozos de papel para poder consultarlos durante el ritual. También puede quemarlos mientras recita la intención para añadir poder y fuerza a su hechizo, pero asegúrese de tener agua o paños preparados para apagar las llamas. La seguridad es lo primero, incluso en la brujería.

Hacer sus propios cantos y conjuros puede ser la parte más difícil del proceso, pero añaden una fuerza increíble a sus hechizos. Hable con el corazón y sea fiel a sí mismo, y no se equivocará. Mantenga sus cantos cortos pero llenos de energía, y siempre incluya su intención de hacer el bien. Comience con una intención clara como: "*Elaboro este hechizo para el poder del bien y nunca lo utilizaría para hacer daño*" antes de utilizar descripciones más detalladas.

Aunque algunas brujas tienen un don para la poesía y la rima de sus cantos, no es necesario. Los espíritus reconocen que no todos podemos ser buenos en poesía, y si sus intenciones y cánticos son de corazón, serán tan efectivos como las rimas elegantes. Siempre que su canto sea fácil de recordar para poder repetirlo, puede ser tan serio o tan divertido como quiera. Los espíritus también tienen sentido del humor y algunos de los mejores cantos son divertidos. Entreténgase con el proceso y sea creativo.

Conectarse a tierra antes de empezar el hechizo es esencial para una buena práctica. Cuando ha creado un hechizo, quiere darle la veneración que merece, por lo que necesita estar conectado a tierra y deshacerse de la energía residual. Intente encontrar un lugar tranquilo al aire libre con un trozo de tierra despejado. Coloque sus manos en la tierra y sienta cómo la energía fluye desde la punta de sus dedos hasta la Madre Tierra, que la guardará y la redistribuirá a quienes la necesiten.

Una vez completado el hechizo, recuerde que puede necesitar conectarse a tierra de nuevo. Cuando termine de hacer el hechizo, es posible que se sienta lleno de un hormigueo de energía o un zumbido en la cabeza. Si se siente cargado, utilice un método alternativo para "bajar" después de su trabajo.

Los métodos incluyen hacer ejercicio, correr, comer una gran comida, tener sexo vigoroso, tomar un largo baño curativo o bailar alrededor de su sala de estar con música fuerte. Independientemente de lo que le funcione a usted, es importante deshacerse de este exceso de energía antes de interactuar con otros, especialmente con las mascotas. Si toca a su mascota cuando todavía está zumbando, puede transferirle su energía y provocar el caos. Nadie quiere que una mascota llena de energía psíquica y mágica ande suelta por la casa.

Capítulo 8: Rituales de limpieza

Los métodos de limpieza son una de las partes más importantes de su trabajo y deben ser practicados como parte de su rutina diaria y no solo cuando lanza hechizos o realiza otras actividades mágicas. Imagínese a sí mismo como un vehículo que se utiliza todos los días y que necesita un mantenimiento regular. Usted no descuidaría su vehículo privándolo de combustible o agua o dejándolo cubierto de suciedad para que se pudra la carrocería. Los mismos principios de mantenimiento deberían aplicarse a sus herramientas, cristales y otros componentes mágicos.

Sin embargo, como ya hemos descubierto, usted es la herramienta más importante en su arsenal mágico, y mantenerse sano, feliz y lleno de energía positiva es esencial. Coma bien, beba mucha agua, y asegúrese de protegerse contra la toxicidad y la negatividad. A continuación, explicaremos más formas de mantenerse espiritualmente limpio, pero por ahora, concentrémonos en cómo mantener sus herramientas y objetos sagrados libres de negatividad.

Rituales de limpieza y hechizos wiccanos

Aunque ya hemos hablado de la importancia de la limpieza, esta parte de su grimorio debería incluir métodos y hechizos más detallados. Estos se convertirán en sus formas características de comenzar su trabajo y le ayudarán a señalar la fuerza de sus intenciones. Los espíritus entienden que cuando usted cuida el espacio en el que trabaja y las herramientas que utiliza, sus intenciones son puras y de corazón.

Haga su propia solución de limpieza natural para uso general en la casa y cree una vibración más positiva.

Limpiadores

Limpiador cítrico multiuso

Qué necesita

- 2 cucharadas de jabón sin aroma
- ½ taza de vinagre blanco
- 12 gotas de zumo de limón fresco
- 4 gotas de aceite esencial de naranja
- 4 gotas de aceite de pomelo
- Agua
- Botella con pulverizador

Añada todos los ingredientes a la botella pulverizadora y llénela de agua. Agite enérgicamente y recite el canto "*El limón cítrico y la naranja limpiadora se unen para traer frescura y positividad a mi hogar*" mientras visualiza que la luz blanca infunde la mezcla y la llena de energía. La solución se puede utilizar en cualquier superficie, excepto en la madera no tratada y el granito.

Limpiador multiuso de menta fresca

Qué necesita

- 2 cucharadas de jabón sin perfume
- ½ taza de vinagre blanco
- 4 gotas de esencia de menta
- 10 gotas de aceite esencial de árbol de té
- Agua
- Botella con pulverizador

Añada todos los ingredientes a la botella pulverizadora y añada agua. Agítela enérgicamente y diga el siguiente cántico: "*Mi casa estará fresca como esta mezcla que trabaja conmigo*". Ahora visualice una luz verde pálida con destellos plateados infundiendo la mezcla y dándole poder de limpieza.

Estas sencillas mezclas cubrirán todas sus superficies con una sensación mágica y harán que su hogar esté fresco y limpio. Si quiere personalizarlas, pruebe a añadir esencias florales. Estas mezclas contienen la sabiduría vibratoria de las flores y se conservan en agua y brandy. Los envases en los que se venden parecen aceites esenciales, pero no son aceites. No tienen ningún aroma, pero son la forma perfecta de añadir vibraciones curativas y relajantes a sus limpiezas.

Las flores de Bach están disponibles en la mayoría de las tiendas de salud y vienen en cuarenta variedades diferentes. Mejore sus mezclas con castaño blanco para crear serenidad, o utilice madreselva para poner en movimiento la energía estancada.

Sprays de limpieza del espacio

Existen múltiples aerosoles comerciales para limpiar el espacio, y pueden disipar eficazmente la negatividad y la mala energía. Sin embargo, los sprays caseros son muy sencillos de hacer, y ese ingrediente añadido de intención personal y amor incondicional los hace un poco más especiales.

Debería utilizar estos sprays para limpiar espacios que han sido afectados por fuerzas externas o que tienen energías residuales del pasado. Utilice el spray para limpiar su altar antes de utilizarlo, para estar seguro de que no lleva ninguna influencia residual de su último hechizo.

Primero, comience con agua destilada o de manantial como base y luego vaya creando. Asegúrese de que se ha purificado antes de ponerse el sombrero de científico loco para saber que está empezando con una pizarra limpia.

Qué necesita

- Botella de spray
- Agua destilada o de manantial
- Una lista de intenciones
- Cristales, gemas, hierbas, aceites y flores por intención
- Vodka destilado sin sabor para su conservación
- Tazón sagrado

Ahora es el momento de crear el elixir madre para utilizarlo en tus rituales de limpieza. Bendiga su cuenco sagrado con buenas intenciones. "*Usaré este recipiente para mantener mis ingredientes sagrados a salvo y llenarlos con el poder de los dioses y las diosas; ayúdame a traer alegría y armonía a mi elixir*".

Agradezca al recipiente y a todos sus ingredientes por haber aportado a su espacio sus cualidades para mejorar su vida. Vierta la cantidad que desee de agua y de ingredientes líquidos mientras reza o canta sobre el cuenco. "*Que mi elixir sea tan potente como mis deseos y destierre la negatividad y el mal de los espacios que utilizo para crear mi magia y doy las gracias a los espíritus*".

Remueva la mezcla en el sentido de las agujas del reloj. Algunas escuelas de pensamiento mágico creen que el sentido de las agujas del reloj es la forma más efectiva de moverse en cualquier acción mágica. Se cree que las acciones en el sentido de las agujas del reloj invocan la energía masculina y la fuerza física y el poder. Es la dirección favorecida para sobrecargar sus campos de energía y traer positividad a su elixir.

La remoción en sentido contrario a las agujas del reloj es más probable que traiga energías de fuera de su ser a la mezcla y cree una divinidad más femenina. Este tipo de energía puede ser útil en hechizos y pociones más delicados, pero la limpieza es un proceso riguroso que se beneficia de la fuerza y el poder creados por la agitación en el sentido de las agujas del reloj.

Una vez que el agua haya dejado de agitarse, añada sus gemas y cristales. Golpee suavemente el lateral del cuenco para estimular sus poderes y remueva el líquido suavemente mientras repite su agradecimiento y amor por los poderes que se le dan. Deje el cuenco toda la noche a la luz de la luna para que se impregne de la energía lunar. Tape la parte superior del cuenco con una red fina si quiere evitar que entren residuos en su líquido.

Por la mañana, recoja su elixir antes de que se ponga la luna y llévelo a su casa. Añada el alcohol y embotelle para sus rituales de limpieza y despeje.

Rituales de limpieza de habitaciones

Ahora tiene las herramientas que necesita para una limpieza total del espacio. Utilice sus mezclas de la misma manera que utilizaría los productos de limpieza habituales para mantener sus superficies, suelos y hogar libres de negatividad, y luego utilice algunos rituales más detallados para concentrar su atención en procesos de limpieza más específicos.

Cortando las cuerdas

Si usted o su espacio sagrado se han visto afectados por la energía negativa de un determinado individuo y necesita dejarlo marchar, pruebe este poderoso ritual chamánico para liberar su espacio y a usted mismo de su influencia. Se puede utilizar para aportar equilibrio y energía a una persona, a un grupo de personas o a zonas específicas de su hogar.

Cuando las relaciones terminan o las personas pasan a mejor vida, pueden dejar depósitos de energía que interfieren en su trabajo. El cortar el cordón le ayudará a seguir adelante y a desconectarse de las fuentes de energía estancadas y a purgar el espacio que ocupan.

Cómo realizar el ritual del corte del cordón

1. Visualice los cordones que le atan a la energía residual y lo fuertes y gruesos que son. Imagine los hilos dorados de energía entrando en su núcleo y formando una conexión con la fuente de la negatividad. Respire profundamente y haga una pausa.

2. Pida a los portadores del cordón que lo suelten. Pida a sus guías espirituales que sigan los cordones y visiten la fuente de su energía. Envíe mensajes a las fuentes y pídales que le liberen de su sujeción.

3. Ahora, imagine que un par de tijeras doradas gigantes cortan los cordones y que los extremos restantes se enrollan de nuevo en su campo energético y se vuelven puros. Sienta cómo los cordones cortados abandonan su campo energético y vuelven a su fuente original.

4. Selle su campo energético con luz curativa. Imagine que una rejilla de energía blanca o azul le rodea y cura las heridas que los cordones dorados dejaron atrás.

5. Imagine una luz dorada que emana de su núcleo y un sólido campo energético blanco que le rodea. Sienta que sus niveles de energía se comparten y la sensación de paz.

Cuando complete el ritual de corte de los cordones, se sentirá equilibrado y contento. Su energía base se sentirá "normal", y estará lleno de energía y listo para comenzar nuevos proyectos.

Rituales con cuencos tibetanos de cristal

Ya conocemos el poder del sonido en la magia y que puede utilizarse para eliminar la negatividad y limpiar un espacio. Los cuencos tibetanos de cristal son una herramienta enormemente poderosa para tener en su arsenal mágico, y se utilizan para sanar y limpiar su ser espiritual, mental, físico y espiritual.

El cuenco en sí mismo es el símbolo definitivo de la vida y de cómo esta nunca termina realmente. Algunos practicantes de la wicca ven el cuenco como el útero del espíritu, con los lados representando la continuación interminable de la vida y el espíritu. Tocar el cuenco le ayudará a equilibrar sus chakras y le preparará para sus trabajos mágicos.

Elija la varita correcta para tocar su cuenco para que la experiencia sea esotérica y personalizada. Debido a que el cuenco representa la energía femenina, el percutor que elija debe tener una forma fálica y representar la energía masculina. Algunos practicantes de cuencos toman medidas elaboradas para crear varitas y golpeadores decorativos; usted puede hacer lo mismo.

Elija un golpeador que le hable a usted, porque los cuencos son extensiones de usted. Los mazos de madera, los mazos de fieltro de Nepal y los mazos de gamuza son más tradicionales, pero las alternativas modernas, como el mazo Xcelite, están hechas con el mango de un destornillador modificado. Disfrute de su cuenco tibetano y de su mazo y benefíciese de su energía curativa.

Limpie su cuenco tibetano

Coloque sus herramientas e ingredientes mágicos en su altar, preferiblemente a la luz de la luna. Coloque su cuenco en el centro y añada hierbas y cristales. Utilice su mazo para crear ondas de sonido mientras canta: *"Este cuenco tibetano está aquí para traer una sensación de energía positiva. Sienta las ondas de sonido limpiadoras que emiten desde esta fuente espiritual"*.

El humo como elemento purificador

Ya hemos tocado el tema de la limpieza, y la mayoría de la gente conoce el poder de la salvia, la salvia blanca y otros palos de hierbas. Sin embargo, el trabajo pagano consiste en utilizar ingredientes cotidianos para cambiar los hechizos. La salvia funciona, pero puede ser un poco mundana, así que veamos otros ingredientes que pueden producir humo limpiador.

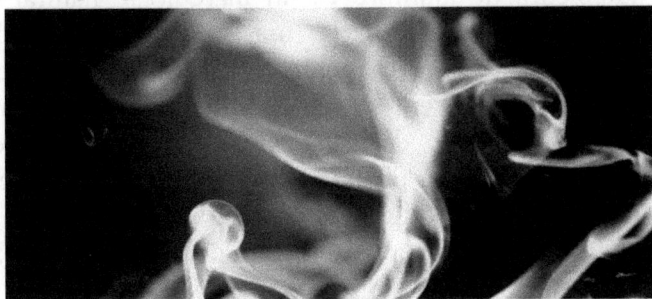

- El carbón vegetal se utiliza a menudo para crear fuego y llamas, pero ¿puede cargarse para que el ritual sea más eficaz? Sí, se puede; el carbón vegetal hecho de maderas sagradas como el pino, el olivo y el roble se puede comprar en línea o en tiendas mágicas.

- El copal es un ingrediente sagrado de México que representa la sangre de los árboles. Quémelo para traer gran poder y energía sagrada a sus rituales y hechizos de limpieza. Utilice una pastilla de carbón para quemarlo y crear un intenso humo mágico.

- Añada mirra a su carbón para disipar los traumas psicológicos y el estrés. Agregue un par de gotas a su fuego para despejar la angustia y la miseria.

- El café ayuda a expulsar las energías negativas relacionadas con los ladrones o los vampiros emocionales. Si sufre la energía residual de un robo o una presencia tóxica, añada granos de café al fuego y benefíciese de su poder. Utilice granos orgánicos y artesanales para una experiencia más efectiva.

- El incienso de sangre de dragón es una poderosa resina procedente de un árbol originario del archipiélago de Socotra llamado Dracaena o árbol del dragón. Vive desde hace más de mil años y tiene un extraño aspecto de paraguas. Los brujos y chamanes de la zona utilizan su corteza y sus hojas en los hechizos, y el olor dulce y picante del incienso es perfecto para despejar el espacio. El incienso se presenta en forma de varilla, cono y en forma natural en la mayoría de las fuentes mágicas.

- La piedra de alumbre es un ingrediente natural que se puede conseguir en la mayoría de las tiendas de comestibles. Regularmente, se utiliza para encurtir verduras, pero en términos brujeriles, es una manera poderosa y eficaz de hacer que su humo de limpieza sea más potente. Esta piedra se ha utilizado desde antes de la historia, y sus poderes están bien documentados. Tenga cuidado al manipularla, ya que puede irritar los ojos.

Baños y duchas rituales

Cuando lee las instrucciones de los hechizos o rituales, a menudo se incluye la necesidad de un remojo de limpieza espiritual en un baño espiritual, lo cual es genial si tiene una bañera. ¿Y si solo tiene una ducha? Ahora, trabajaremos con algunas mezclas clásicas usando aceites esenciales que puede usar en un baño o ducha cuando sienta la necesidad de un enfoque más definido.

Tres opciones para sus mezclas de aceites de baño

1. Para purificar, mezcle cinco gotas de todos los aceites siguientes: menta, árbol de té y romero.
2. Para una mezcla armonizadora, mezcle cinco gotas de todos los aceites siguientes: aligustre, manzanilla, salvia y lavanda.
3. Para una mezcla refrescante, mezcle cinco gotas de los siguientes aceites esenciales: naranja, menta, canela y limón.

Añada sal al agua del baño para proporcionar un elemento curativo y de limpieza. La sal es conocida como las "lágrimas de Dios" en la brujería, y la sal marina pura es la forma más pura disponible. Encienda una vela blanca y colóquela en la cabecera de la bañera, y coloque una vela dorada o amarilla a los pies de la bañera. Añada los aceites y sumérjase en el agua hasta que se sienta revitalizado y limpio.

Después de salir del baño, sople las velas y tire del tapón de la bañera. Agradezca a los espíritus su ayuda y déjese secar al aire para que las propiedades del baño se queden en su piel. Escurra el exceso de líquido de su cabello y déjelo secar naturalmente para que la sal forme una costra.

Cómo darse una ducha espiritual

Mientras que los baños son más tradicionales, hay algunos beneficios marcados al tomar una ducha cuando quiere limpiar su espíritu y energía. El agua que se mueve tiene una carga eléctrica más potente y elimina más negatividad.

Mientras está en la ducha, imagine una luz blanca y brillante que le rodea. Ahora visualice su negatividad y mala energía saliendo de su cuerpo y uniéndose al flujo de agua. Tome la mezcla de aceites que ha elegido y añádala al agua mientras fluye sobre su cabeza.

Visualice su aura y cualquier mancha oscura que pueda ver. Frótelas enérgicamente y deje que las manchas y los puntos oscuros se unan al agua que fluye. Cierre el agua y salga de la ducha cuando se sienta limpio y libre de negatividad.

Séquese de forma natural y deje que el pelo se seque sin secador.

Duchas de tierra

La forma más estimulante de limpiar su aura y su energía es utilizar las fuentes naturales de agua que nos rodean. Cuando se ducha con una ducha de tierra, devuelve la energía negativa y los residuos a la Madre Tierra, donde ella puede transformarlos de nuevo en positividad natural.

Para utilizar este método, simplemente busque una fuente de agua natural que le permita bañarse libremente. Por supuesto, cuanto más grande sea la fuente, más fuerte será la fuerza, y darse un baño psíquico en los poderosos océanos y mares es la forma más poderosa de duchas terrestres. La sincronización de las mareas, combinada con las sales naturales del agua, hace que no tenga que añadir ningún aceite o ingrediente. Debe sumergirse completamente en el agua y visualizar que toda su negatividad es arrastrada por las olas.

Sin embargo, no todo el mundo tiene la suerte de vivir cerca de la costa y solo ve el mar cuando está de vacaciones. No se preocupe; puede seguir beneficiándose de las fuentes de agua naturales como arroyos, ríos, lagos y riachuelos. Las cascadas y las aguas termales no solo beneficiarán a su espíritu, sino que también mejorarán su piel. Elija la naturaleza y deje que los beneficios le llenen de una sensación de asombro y limpieza abrumadora.

Capítulo 9: Hechizos de abundancia

Cuando practica la magia, esta tiene ciertos efectos en su vida. Adquiere el poder de mejorar su vida y mejorar las cosas para otras personas. ¿Merece usted este poder? ¿Tiene usted la sabiduría para asegurarse de que todo el mundo tiene lo que se merece y no está sujeto a la codicia? ¿Qué es exactamente la abundancia y por qué la necesita en su vida?

La respuesta corta es que todos nos merecemos algo mejor. Todos necesitamos desarrollar una "mentalidad de abundancia", lo que significa que debemos elegir el camino que nos lleve a una vida plena llena de felicidad, amor y relaciones exitosas, experiencias creativas y la capacidad de aprovechar las oportunidades cuando se presenten.

Lo contrario de la "mentalidad de abundancia" es cuando elegimos el camino de la escasez. Pavimentado con dudas y reacciones negativas, la escasez significa que creemos que no merecemos experimentar las alegrías que ofrece la vida, y que deberíamos estar agradecidos por lo que tenemos. En lugar de alegrarnos por las personas a las que les va bien, la mentalidad de escasez conduce al resentimiento y a los celos. Puede significar un miedo al éxito, y en lugar de buscar el cambio y la mejora, pasamos nuestro tiempo quejándonos de las cartas que la vida nos ha repartido.

Cuando tiene una "mentalidad de abundancia", se niega a hacerse la víctima y a centrarse en lo que no funciona. En lugar de eso, se centra en lo que puede hacer para mejorar las cosas y encontrar nuevas posibilidades en la vida. Se convierte en un visionario y un optimista. Toma la iniciativa y utiliza su poder para hacer de la vida una experiencia más rica.

La abundancia no significa que vaya a conducir el mejor coche deportivo del mercado ni que vaya a vivir en una mansión con un montón de sirvientes. No significa que vaya a vivir una vida opulenta. Significa que vivirá una vida llena de todas las mejores cosas que pueda imaginar: Amigos que están ahí para usted, un trabajo que le gusta y está bien pagado, una relación con su alma gemela y una perspectiva próspera. Anímese a soñar y crea que su magia combinada con su mentalidad de abundancia trabajarán juntas para hacerlas realidad.

Hechizos de luna nueva para la abundancia

Durante la luna nueva, se reconecta con su auténtico ser y obtiene la oportunidad de cortar cualquier madera muerta que le impide progresar a cosas mejores. La energía de la luna nueva hace que sus hechizos sean más poderosos y los llena de fuertes manifestaciones de sus deseos. La luna nueva dura tres días y ocurre entre la luna negra y la etapa de cuarto creciente.

Renueve sus energías con un hechizo de luna nueva

Si siente que su energía necesita un impulso o sus baterías están agotadas, es tan importante cargarse a sí mismo como cargar sus herramientas y cristales. Pruebe este hechizo para aumentar sus niveles de energía, para que esté listo para lanzar otros hechizos de abundancia.

Qué necesita

- Sal marina
- Tazón liso
- Papel y bolígrafo
- Cerillas de madera
- Velas (elija el color que corresponda a sus peticiones)
- Varillas de incienso
- Plato blanco

Utilice un ritual de limpieza para crear un espacio sagrado y limpiarse utilizando los rituales ya discutidos. Esto debe realizarse antes de cualquier lanzamiento de hechizos o trabajo de magia.

1. Coloque el plato blanco en la superficie de su lugar sagrado.
2. Elija una vela para colocarla sobre el plato; la naranja le dará la energía para iniciar nuevos proyectos, y la lila le dará el poder de la previsión para ver más allá de las barreras.
3. Escriba su propósito en un papel utilizando un lenguaje claro y palabras fuertes.
4. Cierre los ojos y visualice lo que sucederá una vez que su propósito se haya cumplido.
5. Tome la sal marina y haga un círculo con ella alrededor de su plato blanco y la vela.
6. Pida la ayuda de los espíritus para que su propósito se haga realidad.

7. Encienda la vela y sienta la energía que emite la llama.

8. Tome el papel y quémelo en la llama de la vela hasta que solo queden cenizas.

9. Observe la vela mientras se consume mientras reflexiona sobre el resultado que desea.

10. Una vez que la vela se haya consumido, coja la cera, la sal y las cenizas y entiérrelas fuera de su casa.

El hechizo debería funcionar en dos semanas, y debería ver los resultados rápidamente. Vuelva a realizar el hechizo durante la próxima fase de luna nueva si no funciona.

Hechizo de amor de luna nueva

Este hechizo es para las relaciones rotas o cuando la asociación se siente rocosa y en peligro de terminar. Tal vez es el momento para que la relación termine, sin embargo, pruebe este hechizo primero y vea si puede salvar algo positivo en lugar de tirarlo a la basura.

Qué necesita

- Zumo de limón recién exprimido
- Bolígrafo rojo y papel blanco
- Vela blanca y roja
- Cristales de azúcar moreno
- Paño rojo
- Cristal de cuarzo rosa
- Jazmín seco
- Plato blanco

Antes de realizar este hechizo, necesita despejar su mente y su espacio sagrado. Tome un largo baño de hierbas y medite para asegurarse de que está en el marco mental adecuado para su magia. Deje ir cualquier negatividad conectada a la relación que desea reparar, y prepárese para trabajar desde una hoja limpia.

1. Coloque la tela roja en la superficie de su espacio.

2. Espolvoree el jazmín seco y coloque las velas rojas y blancas en soportes sobre la tela.

3. Escriba los nombres de las personas de la relación en el papel.

4. Dé la vuelta al papel y escriba: "*Un nuevo comienzo viene a nosotros, vuelve a mi lado y reúnete para formar la relación que ambos merecemos*".

5. Deje caer el zumo de limón sobre los nombres del papel y, a continuación, añada los cristales de azúcar.

6. Ponga el papel en el plato blanco y coloque las dos velas encima del papel.

7. Posicione el plato en el alféizar de la ventana a la luz de la luna nueva durante la noche.

8. Por la mañana, encienda las dos velas y coloque el cristal sobre el plato.

9. Queme el papel en las llamas de las velas mientras recita: "*Un nuevo comienzo llega a nosotros, vuelve a mi lado y reúnete para formar la relación que ambos merecemos*" hasta que las velas se consuman.

10. Retire las cenizas del papel y arrójelas al viento.

Recuerde que la relación no será la misma que antes. Ambos habrán crecido y cambiado, así que adáptese y acepte la experiencia.

Hechizos de luna nueva para el dinero

Estos hechizos están destinados a hacer su vida más próspera, ¡pero no lo convertirán en millonario! ¿Sentirá el beneficio? Sí, verá más oportunidades de ganar dinero y mejorar sus finanzas, pero el lanzamiento de estos hechizos no sustituirá el trabajo duro y la gestión financiera.

Si no está satisfecho con su estado financiero actual y siente que las facturas y otros gastos mundanos están constantemente devorando todo su dinero duramente ganado, considere atraer la riqueza a su vida y ser más próspero.

Estos hechizos de luna nueva se realizan en un altar preparado específicamente para atraer el dinero y la riqueza. El uso de un altar portátil le permitirá trabajar tanto en el interior como en el exterior, dependiendo del clima. Siempre que sea posible, lance sus hechizos a la luz directa de la luna para añadir energía y pureza a su trabajo.

Prepare su altar

El altar es una parte fundamental de estos hechizos, así que asegúrese de dedicar tiempo y energía para convertirlo en un lugar sagrado con un enfoque especial. Elija una tela de oro o de un color que le hable a usted y cubra la superficie. Ponga un pequeño cuenco de tierra al oeste de su altar, un vaso de agua al norte, una varilla de incienso al este y una vela o carbón al sur.

Elija una diosa de la riqueza y coloque una estatua o imagen en su altar para representar su poder y sabiduría. Fortuna, la diosa romana de la fortuna, es una forma perfecta de atraer la riqueza y la buena suerte.

Hechizo con velas para la abundancia

Qué necesita

- Vela verde, blanca y dorada
- Aceite esencial de sándalo
- Monedas mixtas de cualquier procedencia

Cómo hacer el hechizo

1. Cargue sus velas con el aceite de sándalo y visualice la diferencia que la riqueza hará en su vida.
2. Coloque las velas en lados opuestos de su altar.

3. Esparza las monedas entre las dos velas.

4. Encienda ambas velas y diga el canto: *"El dinero y el efectivo vienen a mí, sean abundantes y vengan gratis, enriquezcan mi vida y llénenla de amor, denme el mejor de los caminos y recen para que tenga algunos días de suerte"*.

5. Acerque las velas y deje que el exceso de cera cubra las monedas.

6. Repita el canto y vuelva a moverlas.

7. Repita la operación hasta que las velas se hayan consumido.

8. Tome las monedas y la cera y guárdelas en una caja o frasco consagrado.

Hechizo para duplicar el dinero

Este hechizo específico está destinado a duplicar la denominación del papel moneda y aumentar su efectivo en un cien por ciento. Usted necesitará tener el dinero en su posesión para que el hechizo funcione.

Como hacer el hechizo

Prepare su altar de la misma manera que el anterior. Tome un sobre blanco y coloque el papel moneda dentro. Selle el sobre y cante lo siguiente:

"Espíritus del éter, tráiganme el poder de duplicar esta suma,

Realicen un hechizo para que así sea y hagan que el dinero crezca y crezca".

Puede quemar incienso y utilizar aceites como el pachulí y la naranja dulce para aumentar sus intenciones.

Repita el proceso durante siete días e imagine que el sobre se vuelve más pesado y voluminoso a medida que pasan los días. Guarde el sobre en su habitación, debajo de la almohada, cuando no lo utilice para el hechizo. Rocíe su almohada con aceite de sándalo para que sus sueños se centren en el hechizo.

Una vez que el hechizo funcione y obtenga fondos extra, debe abrir el sobre y gastar el dinero original en algo especial.

Hechizo de luna nueva para traer estabilidad a las relaciones

Si encuentra difícil mantener las relaciones y ha perdido buenos amigos por razones que no puede explicar, debe usar este hechizo para atraer nuevas relaciones y fortalecer las que ya tiene. La intención requerida para este hechizo le ayudará a sentirse positivo acerca de su conexión con la naturaleza y el universo, posiblemente la relación más importante que formamos.

Qué necesita

- Una maceta pequeña adecuada para las semillas
- Tierra rica
- Semillas de peonía
- Cáscaras de huevo
- Agua
- Papel rojo y bolígrafo

Cómo realizar el hechizo

Empiece el hechizo en la noche de la luna nueva, pero tómese un par de días antes para prepararse. Piense en cuáles son sus intenciones y aspiraciones. Si conoce el nombre de la persona con la que quiere conectar, imagine sus caras y cómo se desarrollará su relación. Si desea una conexión más amplia, imagine cómo será su vida con un círculo más amplio de amigos. Ahora limpie y santifique su área sagrada.

1. En la noche de la luna nueva, coloque la tierra en la maceta y diga una oración sobre ella. "Bendice esta tierra y dale las propiedades vivificantes para que crezcan mis intenciones".

2. Agregue las semillas de peonía, riéguelas y pida un deseo de felicidad y amor.

3. Cuide las plantas, riéguelas cada dos o tres días y bendígalas con su amor.

4. Una vez que las semillas se hayan implantado y pueda verlas crecer, tome el papel y escriba en él el nombre de la persona con la que desea conectarse. Si no tiene una

pareja específica en mente, escriba su nombre tres veces.

5. Pliéguelo en cuatro y entiérrelo en la tierra con las cáscaras de huevo.

6. Repita este mantra sobre la planta: "Siembro las semillas de la esperanza y la alegría, hago que florezcan y me traigan el éxito y las conexiones que necesito" cuatro veces.

Cada vez que vaya a cuidar la planta, repita las palabras.

Cuando la planta florezca, también lo hará su vida. El cuidado y el amor que muestre por su planta son una clara indicación del nivel de amor que puede compartir con los demás.

Hechizo clásico de abundancia de la luna nueva

Este hechizo es como darse una gran dosis de vitamina D y luego sentarse en la luz del sol durante una hora. Si bien no es un hechizo específico, impulsará su trabajo de magia trayendo energía dorada y brillante y el poder de la luna nueva.

Prepare su altar de la manera tradicional y realice sus rituales de limpieza. Si es posible, realice el hechizo a la luz de la luna en la noche de la luna nueva.

Qué necesita

- Cáliz de leche
- Albahaca
- 4 piedras lisas o cristales
- Hoja de papel blanco y un bolígrafo
- Un billete de dólar

Cómo realizar el hechizo:

1. Asegúrese de que el cáliz de leche esté en el centro del altar y más o menos medio lleno.

2. Deje caer las cuatro piedras o cristales en el cáliz mientras canta: "*Como la suave leche fluye, así crecerá mi abundancia. Las piedras de cuatro darán mi núcleo de vida dorado*".

3. Añada la albahaca y el billete de un dólar.

Repita el canto y deje el cáliz a la luz de la luna durante toda la noche. A la mañana siguiente, vierta la leche en la base de un árbol sano y deje allí la albahaca, el billete de un dólar y las piedras.

Tarros de la prosperidad

Los hechizos de prosperidad son estupendos para realizarlos cuando necesita ese impulso en su vida o si siente que la vida se ha estancado. ¿Qué hay de las formas cotidianas de crear abundancia y buena suerte? Una de las mejores maneras de hacer esto es crear un tarro de buena suerte y prosperidad y mantenerlo en su casa.

Qué necesita

- Un tarro de cristal limpio o nuevo con una tapa que se pueda cerrar
- Vela verde o dorada
- Sal marina
- Hierbas limpiadoras como la salvia
- Canela
- Clavos de olor enteros
- Romero
- Cuarzo ahumado
- Cristal de ojo de tigre
- Monedas de la suerte
- Trébol de cuatro hojas

Cómo realizar el hechizo

1. En primer lugar, limpie el frasco, su zona y a usted mismo con sus rutinas y rituales habituales.
2. Encienda la vela y el incienso.
3. Añada los ingredientes al tarro.
4. Utilice la sal para crear un círculo protector alrededor del frasco y cante lo siguiente, "*Vientos de cambio, pido que me visiten y refresquen, calmen mi alma y me traigan suerte y hagan realidad mis deseos*".

5.Selle el tarro con la cera de las velas y decore el tarro como quiera. Conviértalo en una pieza decorativa que hará que su casa y su espacio sagrado tengan un aspecto increíble.

Los ingredientes que utilice deben salir del corazón, y puede añadir lo que quiera para personalizar su tarro. A algunas brujas les encanta trabajar con hadas y otros seres que viven en el mundo mágico, mientras que otras prefieren fuentes naturales más tangibles.

No hay límite a sus posibilidades cuando se aplica a la abundancia. Fabrique una pequeña versión portátil del tarro de la prosperidad para llevarlo consigo o conviértalo en un llavero. Rodearse de positividad nunca es malo; nunca se tiene demasiada buena suerte.

Capítulo 10: Cantos y encantamientos

Ya conoce el poder de las intenciones, cómo alimentamos los hechizos que lanzamos y los resultados que producen. A menudo hay cantos y conjuros específicos vinculados a los hechizos y rituales durante el trabajo mágico. Sin embargo, ¿qué pasa si usted elabora sus propios hechizos y quiere hacerlos más poderosos?

Para profundizar en el uso de los conjuros para hacer los hechizos más poderosos, podemos referirnos a ejemplos históricos de cuándo se utilizaron y cómo han crecido a través de los tiempos. La palabra latina *incantare* significa "*consagrar con hechizos*", y se cree que su uso se originó en Babilonia y llegó a Europa con el desarrollo del comercio y las rutas comerciales.

En la época medieval, en el folclore y los cuentos de hadas, se utilizaban múltiples menciones de "palabras mágicas" para transformar objetos o personas simplemente por repetición. Pueden cantarse, hablarse o recitarse, y el uso de estas frases se considera parte de los rituales tradicionales y otras ceremonias mágicas. El uso de los conjuros cesó durante la aparición de las religiones monoteístas más modernas, en las que se animaba a los seguidores a rezar a un solo dios y a considerar todas las demás formas de culto o seguimiento como malas e inmorales. Los cuentos de magia y brujería quedaron relegados a la ficción y el uso de conjuros se redujo a palabras sin sentido. En Cenicienta, el hada madrina utiliza la frase "Bibbidi bobbidi boo" para transformar la calabaza en una carroza.

Los adeptos a las prácticas mágicas de hoy en día creen que las palabras suelen ser la parte más poderosa de los hechizos y rituales. Se hablan desde el corazón y refuerzan el poder de la magia durante sus hechizos y rituales, por lo que deben ser elegidas cuidadosamente y con reverencia. Hay muchas fuentes de conjuros y cantos que puede utilizar. Algunas de las fuentes son más serias que otras, pero entreténgase con ellas; después de todo, la brujería puede ser algo divertido, siempre que se mantenga a salvo.

Los antiguos textos romanos enumeran cinco elementos que definen un verdadero encantamiento

- Las palabras deben tener la forma de un imperativo (un tono de mando y positivo utilizando una voz activa).
- Toda la frase debe fluir como si estuviera escrita con música.
- Las palabras habladas dentro del encantamiento deben ser más suaves y susurradas.
- El conjuro completo funciona mejor si se repite.
- No se incluyen dioses o diosas en el encantamiento.

Las prácticas wiccanas modernas no están de acuerdo con el quinto punto y a menudo incluyen deidades en sus cantos, pero los romanos los habrían clasificado como oraciones.

Lo que hay que hacer y lo que no hay que hacer en la construcción de un encantamiento

Cuando se consideran los conjuros, puede ser confuso dependiendo de a quién se le pregunte. Algunas personas creen que cuanto más elaborado sea el encantamiento, más poderoso será, mientras que otras creen que las versiones más cortas son más eficaces.

Estas son solo directrices para ayudarle a elegir los métodos que le convienen.

Lo que hay que hacer

- Elija palabras que sean poéticas pero fáciles de entender.
- Cree una intención que sea concisa y vaya al grano.
- Elija palabras que sean fáciles de recordar para que pueda repetirlas incluso después de que el hechizo haya terminado.
- El conjuro debe ser cómodo y fluir libremente.
- El resultado directo debe indicarse al principio o al final del conjuro.

Lo que no hay que hacer

- No utilice palabras que le resulten desconocidas o incómodas.
- Tenga cuidado de evitar los homónimos; las palabras con más de un significado pueden alterar la intención mágica y enviar sus intenciones a un lugar diferente.
- No sea confuso en su intención. Su hechizo y encantamiento deben trabajar juntos como un mapa de carreteras para dirigir su poder espiritual al destino correcto.

¿Puede usar otros idiomas para los encantamientos?

Algunas escuelas de pensamiento dicen que el uso de otros idiomas en los hechizos y rituales puede dar lugar a malentendidos. Por el contrario, otras brujas creen que el poder de las lenguas antiguas y extranjeras es más fuerte que nuestra lengua materna.

Los practicantes modernos suelen utilizar conjuros en latín para atraer el amor. Creen que representa la lengua original de la magia y aporta fuerza a su trabajo, especialmente en los hechizos para atraer. Son muy específicos y solo deben utilizarse cuando se tiene una intención muy clara y se sabe exactamente a quién se quiere atraer.

Pruebe estas poderosas frases en latín en sus conjuros para atraer al amor de su vida:

Omnia vincit amor, et nos cedamus amori se traduce como "el amor lo vence todo, cedamos al amor".

Quos amor verus tenuit, tenebit se traduce como "el verdadero amor se aferrará a los que ha sostenido".

Ama me fideliter, fidem meam toto se traduce como "ámame fielmente, mira qué fiel soy".

Amor aeturnus se traduce como "ama eternamente".

Otras lenguas importantes en términos mágicos son el estonio, el siberiano, el finlandés y el ruso. Estas culturas tienen una gran cantidad de leyendas folclóricas y una profunda creencia en el poder de la palabra hablada. Las minorías étnicas y otros contactos culturales utilizaban una mezcla de lenguas para crear un vínculo especial entre sus sociedades. Esto incluía compartir sus habilidades curativas que a menudo se basaban en una mezcla de ingredientes mágicos y poderosos cantos.

Fuentes más modernas de encantamientos

Ahora podemos explorar algunas formas realmente divertidas de utilizar la cultura moderna en nuestro trabajo si quiere mezclarlo y utilizar algunos encantamientos del que quizás sea el mago más famoso de todos, Harry Potter. Antes de descartar esta fuente, es importante entender que los espíritus y los seres sagrados también son entidades divertidas y les encanta experimentar con el humor y los temas más serios. Los arcángeles son quizás algunos de los seres más traviesos del plano astral y les encanta compartir nuestro sentido de la diversión.

Utilice las palabras siguientes para aportar diversión a su trabajo e inyectar un sentido de conexiones mágicas al mundo moderno.

- **Expelliarmus:** El término representa el encantamiento o hechizo más conocido de la franquicia de Harry Potter, que se utiliza para desarmar a los oponentes y hacer que los objetos salgan volando. Los historiadores creen que fue inventado por otro famoso mago, Merlín, y que se utilizó en Madagascar en el siglo XI.

- **Capacious Extremis:** El amuleto de extensión hace que los objetos parezcan más grandes por dentro sin afectar a las dimensiones exteriores. El amuleto se ha utilizado en escenarios de ficción, como el Dr. Who y su Tardis y el bolso alfombra de Mary Poppins, pero no tiene relevancia histórica.

- **Draconifors:** Un hechizo de transfiguración para convertir objetos en pequeños dragones. No es el encantamiento más práctico, pero es un término muy interesante de conocer.

- **Arresto Momentum:** Utilizado para ralentizar el tiempo, puede incorporarse a conjuros diseñados para aliviar el estrés y hacer del mundo un lugar más sencillo.

- **Cave Inimicum:** Es una frase en latín que significa "cuidado con el enemigo" y se lanza para repeler a los enemigos y hacer que el lanzador sea menos visible para los que buscan hacerle daño.

- **Amato Animagus:** Una mezcla de términos latinos, el canto ayuda al usuario a adoptar las cualidades de un animal y le da las habilidades asociadas. Por ejemplo, si se utiliza junto con la palabra *strig*, que se traduce como "el búho", significa que el hechizo atrae la sabiduría y la clarividencia.

Por supuesto, las palabras forman parte de un tema ficticio, pero han sido bien investigadas y le dan una idea de cómo mezclar y combinar sus conjuros.

Mantras budistas

Aunque el budismo es una práctica diferente a la brujería, utiliza algunos de los mismos métodos. Tienen poderosos mantras que enfocan su mente en sus intenciones y le ayudan a estar más canalizado cuando trabaja.

Intente adaptar estos mantras a sus conjuros para conseguir una forma calmada de dar poder a sus palabras:

- *Om Mani Padme Hum* toma palabras de la lengua india y las combina para hacer un canto sagrado. Om representa el símbolo sagrado, mientras que Mani es la joya, Padme es la flor de loto y Hum representa el espíritu de la iluminación. Combinados, crean un canto que pide la protección de lo divino en tiempos de peligro. El canto también pide ayuda para purificar sus pensamientos y frenar la codicia y la ira.

- *Om Amideva Hrih* es un canto que representa el renacimiento y el viaje a los planos divinos. Cultiva la fuerza interior y le hace valiente y listo para superar los obstáculos de la vida.

- *Ayuhis Jnana Pushtim Kuru* deriva del sánscrito y significa larga vida, sabiduría y riqueza. La palabra Kuru representa la forma verbal de "hazlo" y fomenta la energía para llevar a cabo estos actos.

- *Om A Ra Pa Ca Na Dhih* es un canto asociado a Manjushri, un sabio Buda a menudo representado con una espada en la mano derecha y una flor en la izquierda. El canto de este mantra le dará un poder equilibrado de fuerza, compasión y sabiduría para tomar decisiones informadas.

Los wiccanos creen que el conjuro o canto más importante que se haga debe dirigirse a la deidad correspondiente y de una forma que pida su ayuda. A la mayoría de los practicantes les gusta trabajar con un conjunto específico de deidades y suelen hablar con ellas con regularidad porque hay miles de deidades entre las que elegir; la mayoría de los creyentes paganos y wiccanos eligen una mezcla ecléctica de deidades y crean un poderoso "equipo" con el que trabajar.

Deidades populares y lo que representan

Matrimonio, amor y lujuria

Para los hechizos que están diseñados para traer la pasión y el amor a su vida, hay algunas deidades conocidas como Freya o Afrodita que puede invocar. Si desea un aspecto más físico para su magia, por qué no probar con Príapo, el dios griego de la sexualidad cruda que está bendecido con un pene erecto gigante para alejar a los ladrones y fomentar la fertilidad y la lujuria.

Magia

Para ayudarle en sus trabajos o cuando sienta falta de inspiración, pruebe con Hécate, la diosa griega de la hechicería. Su nombre significa "trabajadora de lejos" y a menudo se la representa con antorchas o una llave. Representa lo mágico y lo místico y puede ayudarle con sus habilidades artesanales de bruja.

Artesanía

Para obtener ayuda con las actividades artesanales más tradicionales, pida ayuda al dios celta Lugh. Es un herrero con talento y trabaja en una forja celestial fabricando armas y objetos mágicos. Se le representa como un guerrero y salvador que llamó la atención de Julio César debido a la importancia que los celtas daban a su fuerza.

Para una artesanía más casera, pida a la diosa Hestia, la diosa griega del hogar, que acuda en su ayuda. Ella ayuda en cuestiones de domesticidad y arquitectura. Ella le ayudará a proteger su hogar y a mantener la santidad de la familia.

Cosecha de otoño

Trabajar en otoño puede ser increíblemente gratificante. El otoño es la estación de la abundancia, y las diosas y los dioses que se asocian a esta estación son generosos y abundantes. Puede trabajar con Osiris, la diosa de la cosecha, o con Herne, el poderoso dios de la caza. También puede pedirle ayuda a Ceres, la diosa romana del grano. Por ella, los granos triturados se llaman cereales. Es una diosa maternal que le protegerá y nutrirá, especialmente cuando empiece con su oficio.

Energía femenina y fertilidad

Cuando usted trabaje con la luna y la energía lunar, tendrá más poder, pero por qué no fortalecer su trabajo pidiendo a la diosa madre más poderosa de todas, Isis. Artemisa y Venus también aportarán fuerza a su trabajo, mientras que Juno se asocia con el cuidado de las mujeres que dan a luz. Para una visión más masculina del tema, pida la opinión del dios celta Cernunnos. Conocido como el ciervo con cuernos, a menudo se le representa asociado con animales masculinos y llevando una bolsa de monedas y una cornucopia para señalar sus abundantes dones.

Antiguos mantras secretos

Al lanzar un hechizo, hay muchas cosas que recordar, por lo que puede ser difícil recitar conjuros y mantras largos y complicados. Simplifique las cosas creando poderosos cantos de una sola palabra utilizando palabras históricas y místicas para dar poder a su hechizo.

Cantos sumerios

- Tigris para asegurar el éxito general.
- Lugal para encontrar objetos perdidos.
- Ummia para deshacerse de personas tóxicas o dañinas para usted y su familia.

- Nannaiya para aumentar su libido y la fertilidad.

- Lazuli para aumentar su fuerza personal y potenciar el coraje.

- Ningrisu para hechizos de memoria.

- Ziggurats para curar el útero o resolver problemas de concepción.

- Bittaty para hechizos de curación de adicciones.

- Geshtyn para la buena suerte en la búsqueda de empleo.

- Enlil para atraer la riqueza y la prosperidad.

- Huyuk para mejorar las conexiones psíquicas e inducir los viajes astrales.

- Amón para formar una conexión con el reino divino.

- Pettatron para ayudar con los problemas legales y los casos judiciales.

- Vastaba para establecer una conexión con los ángeles y arcángeles.

- Katemu para favorecer la longevidad y la vejez.

- Towfarot para aumentar la virilidad y la potencia sexual.

Los cantos de salud pueden reforzarse con palabras que históricamente identifican ciertas afecciones

- Minnal para las enfermedades de la piel y las erupciones.

- Zassu para las enfermedades pulmonares.

- Galipal para problemas dentales.

- Kepuruth ayuda con hechizos para curar la calvicie.

- Chethuruk para dolencias estomacales.

- Sheekap para trastornos y enfermedades sexuales.

- Misenno para dolores de cabeza y migraña.

Mantras especiales para fines específicos

- Bael para hacerse invisible a uno mismo o a los objetos.

- Marbas para tener éxito en los exámenes o entrevistas.

- Barbatast para eliminar maleficios y maldiciones de sí mismo y de sus amigos.

- Beleth para hechizar a alguien y atraerlo hacia usted.

- Sitri ayuda a mejorar el impulso sexual.

- Zepar promueve la fertilidad y la concepción.

- Botis promueve la paz y la prosperidad.

- Sallos crea conexiones con la fuerza todopoderosa del universo.

- Marax fomenta el pensamiento maduro y las decisiones adultas.

- Ipos ayuda en los hechizos para superar las fobias y vencer los miedos.

- Bune fomenta las ganancias financieras y atrae la riqueza y el dinero.

- Furfur para una energía calmada para resolver disputas y discusiones.

- Shax para la protección y una barrera espiritual contra el daño.

- Haagenti para el renacimiento y las nuevas empresas.

- Murmur para la paz mental y la fuerza física.

- Gremory para permitir que el lanzador del hechizo obtenga una visión y poderes clarividentes.

- Seere para fortalecer sus sueños y llenarlos con detalles de sus vidas pasadas.

Así que ahora tiene una biblioteca de palabras, mantras, cantos, y poderosas formas de hacer sus conjuros más exitosos. Sin embargo, ¿hay alguna forma de combinar la tecnología y los mundos antiguos para crear sus palabras mágicas? El nacimiento de internet significó que siempre hay una manera de usar la tecnología, y con los encantamientos no es diferente.

Generador de conjuros al azar

Existen varias fuentes en línea que pueden conjurar conjuros al azar a partir de una enorme base de datos de palabras mágicas. Pruebe el generador de innovaciones mágicas *Seventh Sanctum* para crear quince invocaciones por página. Puede cambiar las opciones a varios temas para que coincidan con sus intenciones y refrescar las opciones tantas veces como quiera.

Seventh Sanctum es un gran sitio web lleno de ejemplos extravagantes de conjuros que toman la forma de palabras mágicas combinadas con poderosas direcciones intencionales para que sus conjuros se sientan energizados y llenos de poder. Si las frases "por los dos escudos de Mutat" o "invoco la túnica púrpura de Redgym" le parecen el tipo de cosa que le parecería genial en sus conjuros, visite el sitio web. Usted también puede beneficiarse de la invocación de "los seis coros de Lymisuta".

Ya sabemos que la persona que está detrás del conjuro es la parte más poderosa de la ecuación, así que las palabras que utilice son sus herramientas más poderosas. Utilícelas con buena intención y pensamientos puros, y añadirán energía a su trabajo.

Capítulo 11: Proteger su energía

En un mundo ideal, practicar la magia con buenas intenciones y solo crear hechizos que ayuden a la gente y traigan positividad a sus vidas sería suficiente para mantenernos a salvo. Sin embargo, al igual que en el mundo real, siempre hay fuerzas que buscan causar daño y traer negatividad. La protección de uno mismo, de su área sagrada, de su hogar y de las personas que ama debe estar siempre presente. Desde que los humanos empezaron a comprender el poder de la magia, también se dieron cuenta de que era necesario protegerse de y contra esas fuerzas.

Reglas de protección

La seguridad y la protección significan que hay que cumplir ciertas reglas, y todos los practicantes deben tener un código de conducta. Escribir estas reglas en su grimorio significa que usted está constantemente recordando los principios básicos que todos los hechizos wiccanos y de brujería deben incluir.

No hacer daño

La rede wiccana debería ser la parte más importante de su armadura protectora. La brujería se asocia a menudo con hechizos que implican resultados negativos para las personas que le han hecho mal y buscan venganza. Los verdaderos practicantes de la wicca y la brujería saben que no hay ningún beneficio en lanzar este tipo de hechizo, ya que puede ser contraproducente y devolver la energía al lanzador. Tome la responsabilidad de sus acciones y nunca trate de lanzar hechizos para dañar a otras personas. Terminar cualquier hechizo con la declaración "Para el mayor bien de todos y sin intención de dañar a nadie" se asegurará de que sus hechizos tienen solo resultados positivos. Recuerde, el universo trata con el comportamiento negativo y tiene planes para todos nosotros con respecto al karma y la venganza.

No haga hechizos para otras personas sin su permiso

La brujería es un tema polémico para algunas personas. Por lo tanto, incluso si usted piensa que está haciendo algo útil o positivo, nunca debe lanzar hechizos para otros sin su permiso directo. Una buena regla a seguir es esperar a que otras personas acudan a usted en busca de ayuda en lugar de tratar de imponer sus creencias sobre ellos. Concéntrese en los hechizos que le involucran a usted mismo en lugar de hacer un trabajo espiritual para otros.

Mantenga sus actividades en privado

En el pasado, las brujas se veían obligadas a guardar silencio sobre su trabajo por miedo a la persecución, pero hoy en día el tema es mucho más abierto y la gente es libre de hablar de sus creencias. Sin embargo, debe ser respetuoso y consciente de que otras personas pueden no tomarse bien que hable de ello con ellas, especialmente cuando no han expresado ningún interés en la espiritualidad o la brujería. Una buena regla a la que atenerse es hablar de su trabajo solo con miembros de confianza de su aquelarre u otros amigos brujos en los que confíe. Recuerde que hablar con otros sobre el trabajo de hechizo podría significar que su energía se convierte en parte de su hechizo y puede afectar el resultado de su trabajo.

Protección contra el fuego

El poder del fuego es indiscutible, y utilizar velas y fuego en los rituales aporta esa fuerza elemental a su trabajo, pero el fuego también es peligroso. Tenga siempre a mano un cubo de arena, un cuenco de agua o un extintor cuando realice hechizos de fuego. Asegúrese de utilizar portavelas resistentes y manténgalos alejados de las cortinas y otros materiales.

Límpiese y manténgase saludable

Eliminar el exceso de energía de su espacio y de usted mismo es uno de los consejos de protección más importantes que puede recibir. Evite los alimentos tóxicos y las sustancias nocivas para mantener su mente y su cuerpo sanos, de modo que su trabajo esté centrado y conectado a tierra.

No confíe en la magia para mantenerse a salvo

El uso de rituales para protegerse nunca debe tener prioridad sobre el sentido común y las formas prácticas de protección. Si es objeto de abuso, violencia, intimidación y otras acciones dañinas, necesita obtener ayuda de fuentes más prácticas para detenerlas.

No busque la redención a través de la magia

No busque la redención a través de la magia

No piense que la magia le protegerá si ha hecho algo malo. La base de la buena magia está basada en la moral y la ética. Si ha hecho algo ilegal, puede usar la magia para atraer el éxito para su caso legal, pero no evitará que sea castigado. La magia le ayudará a obtener una decisión más indulgente y apropiada para el delito que ha cometido.

Antes de cualquier trabajo de brujería o hechizo, es esencial realizar un simple ritual para mantenerse a salvo de cualquier efecto secundario o daño involuntario. Esto es algo que debe hacer antes de cada ritual o hechizo.

Ritual de autosanación

- Respire profundamente tres veces y despeje su mente del desorden y los pensamientos.

- Respire profundamente otra vez e imagine que su cuerpo se llena de una luz brillante y plateada que fluye de la diosa de la luna.

- Ahora acepte la luz brillante y dorada que fluye del sol y sienta que se combinan en su cuerpo.

- Respire profundamente otra vez y sienta una luz blanca y brillante que fluye desde el universo y se une a las fuerzas lunares y solares para convertirse en la energía conjunta del cosmos que le protege completamente.

Ahora recite las siguientes palabras

"Bendice mis pies y dales la fuerza para caminar por un sendero de rectitud.

Bendice mis rodillas para que se conviertan en los pilares de la fuerza que se doblan cuando es necesario.

Bendice mi corazón y mantenlo lleno de belleza y amor.

Bendice mis labios y llénalos con el poder de convocar a los seres sagrados que me mantienen a salvo".

Póngase de pie y abra los brazos hacia el cielo mientras siente que el calor de la energía llena su cuerpo y su alma. Lleve los brazos hacia su corazón para indicar que ha recibido y aceptado las energías. Agradezca a las deidades y termine el ritual diciendo: "Así será".

Ahora puede utilizar algunos otros hechizos de protección para mantenerse a sí mismo y a su hogar protegidos y libres de la negatividad.

El hechizo de protección de Jano

Jano es la deidad romana que representa todos los comienzos. Él es representado como el dios de dos caras y tiene la tarea de proteger las entradas tradicionales como las puertas y pasajes. Este hechizo puede ser personalizado para evitar que la gente entre en su casa y traiga mala energía, o puede ser utilizado como una protección general para su hogar.

Qué necesita

- Cazo o caldero de cobre
- Taza de café negro
- Un trozo de mantequilla sin sal
- Filtro de café

En la cacerola o caldero, caliente la mantequilla suavemente. Escriba un símbolo mágico o una runa relacionada con su dios o diosa favorita (el símbolo de Jano son las dos caras de un hombre) en el filtro de café y añádalo a la cacerola. Vierta el café y haga girar el líquido mientras pide a los espíritus y a los dioses que eliminen la energía negativa y las personas de su casa y de su vida. Si decide nombrar a personas concretas, escriba sus nombres en un papel y añádalo a la poción.

Una vez realizado el hechizo, lleve la mezcla lejos de su casa y deshágase de ella con cuidado.

Hechizo de tocar y quemar

Esta es una poderosa manera de mantener objetos individuales a salvo y asegurarse de que no se los quiten. Es un hechizo simple pero muy efectivo para mantener sus pertenencias a salvo. Si desea adaptar el hechizo para proteger una relación, elija un objeto relevante para esa relación y lance un hechizo sobre ese objeto.

Qué necesita

- Una aguja o un clavo
- Una vela blanca
- Objetos que quiere proteger

Cómo lanzarlo

1. Caliente la punta de la aguja o el clavo y grabe su nombre en el lateral de la vela.
2. Encienda la vela y deje que la llama se establezca.
3. Cierre los ojos y visualice el poder de la llama.
4. Coloque las manos sobre el objeto y diga la frase: *"Si lo toca, se quemará"*.

5. Repítalo cinco veces mientras imagina que el calor de la vela infunde la superficie del objeto hasta que la superficie se calienta.

6. Visualice el signo del pentáculo flotando sobre el objeto y enviando energía al mismo.

7. El hechizo termina cuando la vela se consume de forma natural.

Aumente la fuerza del hechizo lanzándolo un domingo de luna llena. Refuerce el hechizo cada mes. Este hechizo puede ser usado para mantener todos sus objetos personales seguros y libres de daño.

El hechizo del Cordón Encantado

Utilice este poderoso hechizo de protección para reforzar los lazos con sus seres queridos y mantenerlos a todos a salvo y libres de negatividad. Pida a todos los amigos y seres queridos que usted quiere atar juntos que le den un botón de su ropa. Elija un cordón dorado o blanco y bendígalo con agua de luna o agua salada.

Cree un cordón con el cordón y los botones que ha recibido. Mientras enhebra los botones en su cordón, pida la protección y el amor divinos para cada uno de ustedes. Diga las palabras: *"Mientras el cordón une estos botones, tráenos toda la protección y el amor, apóyanos, asegúranos y protégenos con el escudo de la divinidad"*.

Una vez que haya bendecido su cordón, llévelo consigo para que lo mantenga a salvo. Si tiene un día difícil, colóquelo en su altar y recárguelo con el canto. Utilice el cordón para amigos enfermos, para cambiar de trabajo, para mudarse de casa o para comenzar nuevas relaciones, para mantenerlos a salvo y traerles suerte.

Hechizo de protección para empáticos

Si se conecta profundamente con los espíritus con los que trabaja, sabrá lo agotador que puede ser y cómo las energías negativas pueden buscarlo. Lanzar un hechizo especial para empáticos significa que tiene una capa adicional de protección para mantenerlos alejados. Este ritual crea un alter ego que atraerá las energías negativas y las absorberá.

Qué necesita

- Espejo
- Sal
- Agua de luna
- Lavanda
- 2 velas
- Cristal de ojo de tigre
- Paño oscuro

Prepare dos cuencos de líquido. Uno debe ser de agua de luna y sal y el otro de agua de luna y lavanda. Coloque el cristal en la segunda solución y deje ambos cuencos a un lado.

Lave el espejo en la solución salina y cúbralo con un paño oscuro. Colóquelo boca abajo en una superficie plana y espere a que se haga la oscuridad. En una habitación oscura, encienda las velas a ambos lados del espacio en el que se encuentra sin que creen una imagen en el espejo. Destape el espejo e investíguelo con pensamientos e intenciones positivas. Frote la superficie con la poción infundida de cristal siete veces, y luego cubra el espejo y póngalo en un lugar seguro.

Repita el proceso siete veces sin lavarlo con sal. Ahora ha creado una imagen psíquica de sí mismo que desviará cualquier fuerza negativa de su ser físico. Si el espejo se rompe, indica que ha absorbido las fuerzas con tanta eficacia que ya no tiene espacio para la negatividad.

Más hechizos de protección para el hogar

Si su casa es segura, se convierte en un refugio para usted y sus seres queridos. Los wiccanos creen que mantener este espacio seguro es el núcleo de sus necesidades de protección y le da el espacio para retirarse cuando se siente amenazado o molestado por la negatividad.

Invoque a la diosa con espirales

Las espirales son símbolos importantes en las tradiciones celtas y wiccanas, y representan a la diosa madre, que es la encarnación de la generosidad de la tierra y el mundo natural. Cuelgue espirales en sus puertas y ventanas para mantener alejada la negatividad. Este símbolo tiene un doble uso y puede disipar la energía y mantenerla fuera o atraer las buenas energías. Las energías negativas se destierran si cuelga una espiral con la línea en sentido contrario a las agujas del reloj. Si la línea corre en el sentido de las agujas del reloj, atrae las energías positivas.

Cree un frasco protector para brujas

Tome un frasco de albañil y llénelo hasta la mitad con agua de luna o agua salada. Coloque clavos oxidados, piedras dentadas y otros objetos afilados en el frasco. Añada hierbas protectoras como hojas de laurel, romero y ajo al frasco y ciérrelo bien. Coloque el tarro en un espacio seguro y mantenga su existencia en secreto. El tarro absorberá las fuerzas energéticas negativas durante un mes antes de que sea necesario reponerlo y reemplazarlo.

Invite a los elementales

¿Qué son los elementales? Son los espíritus naturales que representan los cuatro elementos terrestres, y viven en el plano terrestre y les encanta mezclarse con los humanos. Cuando visitan su casa, traen consigo protección y alegría junto con su sentido individual de la diversión. Al igual que la naturaleza está habitada por un número infinito de seres, el mundo espiritual de la naturaleza también lo está. Puede elegir los espíritus individuales que le atraigan e invitarlos a visitarle dejando dulces de colores, bayas o gelatinas en macetas alrededor de su casa.

El elemental del aire es la ondina. Aprenda a atraerlas construyendo una fuente de agua o teniendo una pequeña fuente en su jardín. Si tiene un espacio limitado, utilice cristales para atraerlas. Los cristales blancos y azules y las piedras preciosas deben colocarse en la casa o llevarse encima.

El elemental del fuego es la salamandra. Se sienten atraídas por los lugares cálidos, y tener una hoguera de leña las atraerá a su hogar. Las bayas rojas y los cristales de color rubí le asegurarán la protección de estos ardientes elementales.

El elemental de la tierra es el gnomo. Están en buena sintonía con los humanos y les encanta trabajar con personas respetuosas con la naturaleza y la ecología. Coloque caramelos verdes o marrones en un cuenco o ponga adornos de gnomos en su jardín.

El elemental del aire es el silfo. Les atraen las cosas ligeras y aireadas, como las campanas de viento y las campanillas. A los silfos les encanta trabajar con los humanos creativos y los inspiran a ser más productivos.

Cree un espacio dedicado a santa Brígida

La diosa celta Brígida es un espíritu fuerte y protector que vigilará su casa y a sus habitantes y los mantendrá a salvo. Dedicarle un espacio le ayudará a evitar la negatividad y puede limpiar un hogar que ha sido violado por problemas domésticos, discusiones acaloradas u otras manifestaciones negativas.

Elija una mesa pequeña y cúbrala con un paño verde para representar sus orígenes irlandeses. Cree una imagen de una cruz hecha con juncos y póngala en el centro de la mesa. Llene una taza pequeña con leche y póngala sobre la mesa. Agregue una rebanada de pan, algunas moras y una ramita de hiedra, y diga el siguiente conjuro:

"Exaltada, diosa madre de Irlanda

Trae el poder del mar y de las olas

La dulzura del rocío natural,

Llena el aire de viento y tormentas

Y haz que mi hogar sea seguro,

Ayúdame a luchar contra los poderes que me acosan

Desde los sótanos hasta el techo más alto

Desde las ventanas hasta la puerta y más allá

Protege a las personas que viven dentro

Ilumina la casa con tus bendiciones y enciéndela con tu llama eterna

Santa Brígida, que así sea".

Haga que el hechizo sea más poderoso lanzándolo un lunes cuando haya luna llena. Recargue el altar cuando sienta la necesidad de alcanzar y obtener una protección extra.

Baños de protección y hierbas efectivas

Los baños de purificación se utilizan para limpiar las energías negativas antes de la elaboración, pero si va a trabajar con fuerzas poderosas, es posible que desee utilizar baños de protección para mantenerlas a salvo.

Con el tiempo creará una mezcla de hierbas calmante que le funcione. No se preocupe si no lo hace bien al principio. Cuando empiece a tomar baños de protección, puede ser confuso. Utilice estas mezclas tradicionales para ayudarle a crear un escudo protector mientras se baña.

Qué necesita

- Pasta y mortero
- Un trozo de algodón limpio
- Cordón
- Sal
- Hierbas

¿Cuáles son las mejores combinaciones para el baño?

- Anís, romero, salvia e hinojo
- Salvia, laurel y artemisa
- Romero, manzanilla y albahaca

Cómo preparar el baño:

1. Tome las hierbas secas o frescas y añádalas al mortero. Utilice el mortero para molerlas juntas antes de transferir la mezcla al algodón.
2. Tome los bordes de la tela y asegure la mezcla con el cordón.
3. Colóquela en el agua del baño y utilícela para infusionar el agua. Si se ducha, apriete la bolsa sobre su cabeza para que los jugos fluyan por su cuerpo.

Cree un calendario para sus baños y asegúrese de completar el ritual en los ciclos más potentes de la luna.

Todas las rutinas de limpieza y protección deben repetirse regularmente y cargarse para que sean más efectivas. Su bienestar y la seguridad de sus seres queridos son primordiales para su felicidad. Duerma tranquilo porque sabe que las personas y los lugares que ama están en buenas manos.

Conclusión

Es importante para todos volver a conectar con la naturaleza y las vibraciones que nos rodean para entendernos mejor a nosotros mismos. Por eso este libro es esencial para su viaje de autodescubrimiento a través de la exploración mágica.

Ahora tiene la información que necesita y el poder de crear su(s) diario(s) mágico(s) para ayudarle a convertirse en una fuente de brujería. Todo lo que necesita está al alcance de su mano, así que buena suerte con su grimorio y su mundo de hechicería.

Vea más libros escritos por Mari Silva

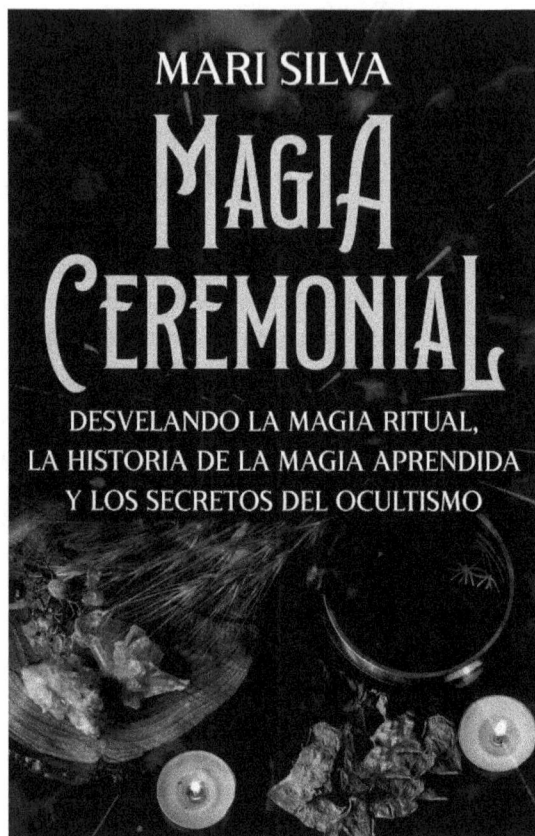

MARI SILVA

MAGIA CEREMONIAL

DESVELANDO LA MAGIA RITUAL, LA HISTORIA DE LA MAGIA APRENDIDA Y LOS SECRETOS DEL OCULTISMO

Su regalo gratuito

¡Gracias por descargar este libro! Si desea aprender más acerca de varios temas de espiritualidad, entonces únase a la comunidad de Mari Silva y obtenga el MP3 de meditación guiada para despertar su tercer ojo. Este MP3 de meditación guiada está diseñado para abrir y fortalecer el tercer ojo para que pueda experimentar un estado superior de conciencia.

https://livetolearn.lpages.co/mari-silva-third-eye-meditation-mp3-spanish/

Glosario

Alquimia — El poder de convertir los metales comunes en oro.

Altar — Superficie plana para trabajar.

Amuleto — Objeto cargado de poder que se utiliza como protección.

Athame — Hoja ritual.

Desterrar — Exorcizar espíritus no deseados.

Escoba — Escoba de bruja.

Libro de las sombras — Libro de cocina mágica también conocido como LDS.

Caldero — Olla mágica para cocinar.

Chakras — Siete vórtices de energía en el cuerpo humano.

Cargar — Mejorar los objetos llenándolos de energía espiritual.

Aquelarre — Grupo de brujas.

Arte — Una versión más corta de la brujería.

Puñal — Hoja ritual escocesa.

Poder divino — La fuente última de todas las cosas, la energía y la sabiduría.

Magia de la tierra — Uso de las fuentes naturales de poder que existen en los elementos naturales.

Elementos — Aire, fuego, tierra, viento y el yo o espíritu.

Elementales — Seres místicos relacionados con los elementos físicos.

Folklore — Cuentos históricos que incluyen magia, sabiduría, hechizos, curas y mitos.

Dios — La forma masculina de la deidad.

Diosa — La forma femenina de la deidad.

Grimorio — Diario mágico lleno de información, referencias y fórmulas.

Limpieza — Para deshacerse del exceso de energía cuando se practica la magia.

Ayuno de manos — Ceremonia de boda pagana.

Herbalismo — Magia con hierbas.

Ser superior — El nivel de nuestra conciencia que se conecta con las energías superiores.

Incienso — Uso de aromas derivados de la quema de aceites y hierbas para sintonizar los objetivos del usuario.

Karma — La creencia de que nuestras acciones tienen consecuencias que nos acompañan a lo largo de nuestra vida; la venganza espiritual.

Libación — Ofrenda a los seres superiores en forma de bebida.

Magia/Magick — Elevación de la energía a partir de fuentes naturales para provocar la transformación y el cambio. La grafía depende de la naturaleza del uso; magick se utiliza más ampliamente para describir las prácticas y el trabajo, mientras que magia es el término más general.

Bastón de mayo — Símbolo fálico tradicional utilizado en rituales y fiestas paganas.

Meditación — Acto de contemplación por introspección. Un tiempo tranquilo para reflexionar y considerar las conexiones entre el practicante y las deidades. Un momento en el que invitamos a los espíritus a ponerse en contacto con nosotros.

Madre — La energía femenina por excelencia que representa los ciclos de la vida y el renacimiento. Sus símbolos son el huevo, la luna y el sol.

Mito — Historias del folclore que contribuyen a la tradición de la tierra de la que proceden.

Nueva era — Mezcla de creencias religiosas tradicionales con ideas más modernas y creación de una nueva forma de pensar.

Ocultismo — Significa "oculto" y representa las formas menos aceptables de magia y brujería.

Antigua religión — Una forma alternativa de referirse al paganismo.

Pagano — Término que engloba a las religiones que no siguen reglas y creencias estructuradas.

Pentáculo — Una estrella de cinco puntas que se asocia generalmente con la brujería y la protección.

Poder personal — Energía que necesitamos para vivir y existir. Procede de fuentes divinas y se carga con objetos naturales.

Politeísmo — Creencia en deidades no relacionadas que no tienen ninguna conexión o relación entre sí; combinación de dominios para adaptarse al trabajo en cuestión.

Psíquico — La parte de la mente que funciona cuando no somos conscientes y que está preparada para recibir mensajes del mundo no físico y de los seres que lo habitan.

Rede — La creencia básica de toda brujería: No hacer daño.

Ritual — Trabajo ceremonial que refuerza las intenciones y ayuda a la bruja a obtener el resultado que desea.

Sabbat — Un festival para celebrar las creencias y los rituales de la brujería y la wicca.

Cristaloscopia — Una forma de magia de adivinación en la que el mundo físico crea mensajes para la mente psíquica para darles una forma de ver el futuro. La adivinación aumenta la percepción del pasado y de lo que vendrá en el futuro.

Sigil — Sello utilizado en un trabajo mágico.

Solitario — Término utilizado para describir a una bruja que trabaja sola.

Hechizo — Una forma predeterminada de atraer la magia, utilizando rituales y la palabra hablada.

Espiral — Símbolo místico de protección.

Báculo — Término alternativo para referirse a la varita.

Talismán — Objeto cargado de energía que atrae el poder espiritual al portador.

Ley del triple — La creencia wiccana de que todo el poder enviado se devuelve tres veces en volumen.

Visualización — El arte de las formas elevadas de imágenes mentales para crear energías e intenciones poderosas.

Varita — Herramienta utilizada en la magia.

Brujo — Un brujo masculino. Los verdaderos paganos no utilizan este término porque lo consideran ofensivo.

Rueda del año — El calendario pagano que detalla los ocho ciclos del año.

Wicca — Religión pagana moderna dedicada a la naturaleza y que practica con los elementos y observa la reverencia a la naturaleza.

Bruja — Practicante de la brujería.

Brujería — La práctica del trabajo mágico asociado con la naturaleza y el plano superior.

Bibliografía

Anomalien.com. "Grimorios históricos más poderosos". *Anomalien.com.* 11 de febrero de 2015. http://anomalien.com/most-powerful-historical-grimoires/

Caro, Tina. "8 poderosos hechizos de luna nueva [para el amor, el dinero y la abundancia]". *Magickal Spot.* Consultado el 1 de febrero de 2022. http://magickalspot.com/new-moon-spells/

Caro, Tina. "Ingredientes imprescindibles para el baño de limpieza espiritual [una lista]". *Magickal Spot.* 26 de julio de 2020. http://magickalspot.com/spiritual-cleansing-bath-ingredients/

DanFF. "10 Hechizos sencillos de protección contra las energías negativas para el hogar y el trabajo". Santuário Lunar. 7 de octubre de 2019. http://www.santuariolunar.com.br/en/10-simple-spells-for-protection/

Doctor Nana. "Conjuros de amor latinos y hechizos poderosos que funcionan". *Lovespells.tips.* 23 de febrero de 2017. http://lovespell.tips/latin-love-incantations/

Hardaway, Suzanna. "Una historia de los grimorios a través de los tiempos". *EzineArticles.* 27 de julio de 2010. http://ezinearticles.com/?A-History-of-Grimoires-Through-the-Ages&id=4751318

Hart, Avery. "5 pasos rápidos para crear un grimorio increíble como bruja principiante". *Avery Hart.* Consultado el 1 de febrero de 2022. http://thetravelingwitch.com/blog/2018/2/3/how-to-create-your-own-grimoire-as-a-beginner

Lee, Minerva. "Los 10 mejores mantras budistas para meditar y encantar". *Lotus Happiness.* 2 de octubre de 2016. http://lotus-happiness.com/top-10-buddhist-mantras-meditation-incantation/

La bruja moderna. "Anatomía de un hechizo". *The Modern Witch.* Consultado el 1 de febrero de 2022. http://www.themodernwitch.com/?page_id=188

Séptimo Santuario. "Generador de invocaciones mágicas". *Seventh Sanctum.* Consultado el 1 de febrero de 2022. http://www.seventhsanctum.com/generate.php?Genname=magicinvoke

Sheloya. "Comienza con la limpieza y la protección: Para principiantes en brujería". *Universidad de la Bruja.* 4 de agosto de 2017. http://witchuniversity.com/2017/start-with-cleansing-and-protection-for-witchcraft-beginners/

Hechizos8. "8 reglas de protección que toda bruja debe conocer". *Hechizos8.* 12 de marzo de 2019. http://spells8.com/lessons/protection-safety-casting-spells/

Telesco, Patricia. "Escribir poderosos encantamientos mágicos que funcionan". *Construyendo almas bellas.* 26 de julio de 2018. http://witchcraftandwitches.com/witchcraft/writing-powerful-magical-incantations-that-work/

Sauce. "Grimorio vs. Libro de las Sombras". *Volando el seto.* 1 de septiembre de 2014. http://www.flyingthehedge.com/2014/09/grimoire-vs-book-of-shadows.html

La Witchipedia. "Glosario de términos mágicos y ocultos". *La Witchipedia.* Consultado el 1 de febrero de 2022. http://witchipedia.com/glossary-of-magical-and-occult-terms/

Desconocido. "Dr. Suresh secretos mantras antiguos: 140 antiguos mantras secretos". *dr.sureshsecretmantras.* MANTRAS ANTIGUOS SECRETOS. 12 de octubre de 2012. http://drsureshsecretmantras.blogspot.com/2012/10/140-ancient-secret-mantras.html

www.ingramcontent.com/pod-product-compliance
Lightning Source LLC
Chambersburg PA
CBHW071859090426
42811CB00004B/668